潜在認知の次元

しなやかで頑健な社会をめざして

下條信輔

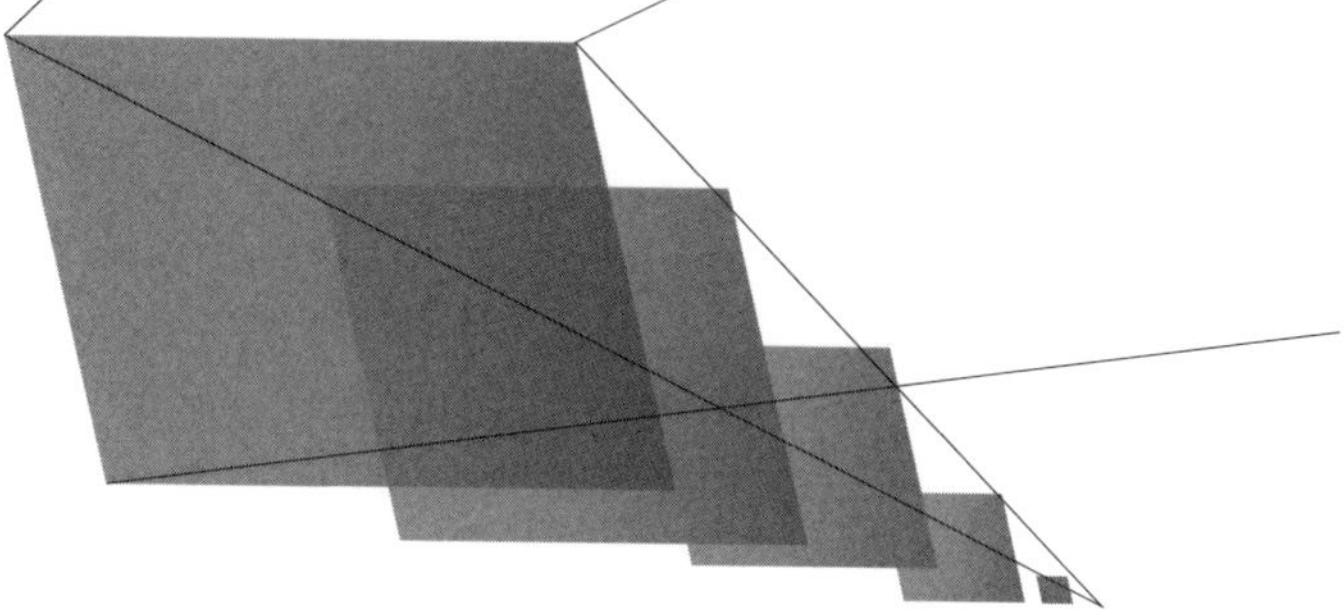

Implicit Cognitive Dimensions: Towards a flexible and robust social structure

有斐閣
yuhikaku

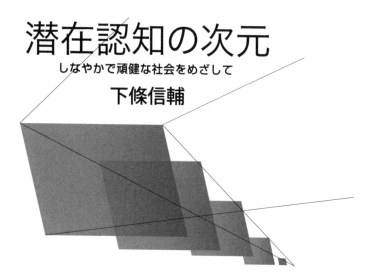

目次

4章 実態を動かすシェアド・リアリティ――心理リアリティの共有と歪み …… 119

★を付記した箇所（p.11 図序-2，p.177）に関する補足資料を，本書のWebサポートページ（下記）にて紹介しております。ぜひご覧ください。

http://www.yuhikaku.co.jp/books/detail/9784641174474

序章

現代社会と「逆応用科学」のススメ

ヒトのこころの問題が、現代社会のさまざまな局面で提起されています。オルタ・ニュースと偽情報、振り込め詐欺などの犯罪、政治・教育のポピュリズム、潜在マーケティングやデータ偽装、等々。さらには国際関係と安全保障しかり、そして原子力発電所（原発）などの安全管理しかり。数え挙げればきりがないでしょう。このように現代社会と人々のこころとの摩擦・軋轢《あつれき》が次々に浮上しています。なのに、これに応えようとする専門サイドの反応は、イマイチ鈍いようです。とりわけ（こころの問題なら心理学、と普通は期待するでしょうが）、心理学や認知神経科学をはじめとする人間科学が、現代社会にあまり役立っていません。もっとも得意とするはずの精神医学や臨床心理の分野ですら、実は新時代に伴って変わる現代人の病像についていけていません。しかしそれに限らず、先に挙げたさまざまな現代社会の病理に解を与えることができないばかりか、その前提となる的確な分析を提供できていないと感じます（私自身も一応心理学者・認知神経科学者を名乗っているのですから、これは自省を込めて言っているつもりです）。

もちろん、心理学の歴史の中では「世の中の役に立つ研究」は多々ありました。さまざまな心理異常を研究する臨床心理学は（精神医学と手を携えて）多くの成果を上げてきました。また教育心理学や発達心理学のほかにも、広く応用心理学と呼ばれる領域では「労働心理学」「産業心理学」「交通心理学」など「〇〇心理学」と冠のついた各分野があります。それらが世の中の問題の分析と予測、さらに解決にまで貢献してきたのも事実です。

ただここで認めなくてはならないのですが、時代の激変にそうした人間科学の各アプローチがついていけなくなったようです。そのことが、冒頭で挙げたさまざまな現代的問題で浮き彫りになっています。そしてその理由として何よりも大きいのは、そもそもの問題意識が、「研究者の間だけでトレンディな」トピックにあるということです。そして、稀に問題意識が世の中的でも、すぐに専門化し象牙の塔にこもってしまうから。さらに、目的や方法論も硬直してしまうから。おおよそそういうことです。言い換えれば専門家だけの間で、論文公刊だけを目的としたゲームが始まってしまう。そして実社会から離れ、ゲームのルールはその専門学界だけでしか通用しないものになってしまうのです。

1　「逆応用科学」の提案

そこで本書の導入として私が提案したいのは、「逆応用科学（inverse translational science）」とでも呼ぶべきアプローチです（私独自の勝手なネーミングです）。「応用科学（translational science）」という言葉はかねてから使われていて、基礎科学の成果を実社会に役立つように応用する方向性の研究を指します。医学で言うならば、これまでは「基礎医学→臨床医学」という方向がイメージされやすいでしょう。たとえばガン細胞の分子生物学的な理解を基に新しい治療法や新薬を開発し、それを実際にガン患者に適用して治癒効果を調べる、そういう研究はたくさんあります。これらは応用科学の好例ですが、なにも医学に限りません。薬学・神経薬理学→新薬開発でもいいし、また物理学→応用物理学→エンジニアリングのような図式に該当する研究の流れは、いくらでも例を見つけることができるはずです。

ところで研究者以外には理解されにくいでしょうが、普通、大学院生や若手研究者は（特に日本では）、まず欧米の著名研究者の論文を読んで、その意義や欠点をゼミなどで討論し、そこからヒントを得て修士論文や博士論文の研究をする。そのようなスタイルで教育されます。その研究のスタイルは、一人立ちして立派な教授になっても、基本的に変わりません。それはそれでいいのかもしれませんが、それには大きな問題が二つほどあります。

まず一つは、研究自体がいわば「縮小再生産」になってしまって、オリジナリティの高い（欧米の研究者を刺激し引っ張るような）新味のある研究がなかなか出てきにくくなるということ。それと同時に（二つめの問題点として）もともとの問題意識が論文からきているので、新たに論文を公刊して（業界的＝学界的）には点数を上げることはできても、世の中からはますます乖離した、役に立たない研究に終始してしまう。つまりは象牙の塔にこもって、世の中とは無縁に自分たちの「研究ゲーム」で得点を競うだけになるということです。こういう悪循環があって、冒頭で述べたような「役に立たない基礎研究」のイメージが定着してしまったと思うのです。とはいえ、現在の日本の科学政策のように「基礎科学の研究費を大きくカットして、すぐに役に立つ応用研究に回す」という考え方（への舵切り）もたいへん危険です。その理由は（ここでは詳述しませんが、多くの識者が指摘しているように）、どんな応用成果も長い目で見れば基礎的な発見・発明から始まっているからです。その元を断つことは、長い目で見れば「木の根元を傷つけておいて枝に実がなるのを期待する」類の愚を冒していることになるのです。ではどうすればいいのでしょうか。

話を少し急ぎすぎたかもしれないので、立ち止まって整理します。

基礎研究を世の中に役立てるにはどうしたらいいか。普通は「応用科学」という発想になります。すでに説明したとおり、基礎科学の成果の、実社会／現場への応用を直接めざす研究スタイルということですよね。そしてこのスタイルは、先にも述べたように、医学分野での基礎研究→臨床応用という流れがモデルになっていて、すでに挙げたガン研究以外にも、たとえばヒトゲノム研究の臨床応用（遺伝子診断など）を好例として挙げることができるでしょう。

ただ、医学以外の科学の他の分野、特に「こころと社会」に関わる領域では、このモデルは破綻するのではないか、というのが私の見通しなのです。その理由に深入りはしませんが、一方には実社会の人々の心理の複雑さ（因果関係の複雑性と非線形性）、また逆から見たときには医学の特殊性（たとえば一部の病気は細菌やウィルスなど単一の原因によって起こること）などを挙げることができるでしょう。

それ以前にそもそも医学と他の科学の成り立ちの違いが大きいかもしれません。医学は初めからある意味「実学」である、つまり病気の治療という世の中的な動機から始まっています。これに対して多くの科学はそうではなく、むしろ「世界の仕組みを知りたい」「われわれ自身の正体を知りたい」といった知的欲求から始まっていることが多い。そしてどれも本来なら、長い目で見て人々の生活と社会に貢献するはずでした。しかし物理学、化学、神経科学というふうに分かれ、歴史が長くなって個々の分野として確立してくると、研究が次第に別の動機で動くようになります。というのは、世の中との関係を忘れて、それぞれの分野の一流専門誌に論文を掲載したい、分野全体の考え方に影響を与えたい、そのためにはそれまでの主流の考え方を批判しなくてはならない、そうした動機に傾きがちになる、ということです。つまり基礎科学が「象牙の塔」に閉じこもり、閉じられた「ルール・オブ・ゲーム」（研究テーマの選択、成果の価値判断、雑誌の掲載基準など）で動きがちになります。科学の諸分野が、そのように「内部ルール」でゲームを進めているうちに、世の中が進み、現代社会が提起する本質的な問題に応えられなくなった。本書はおおよそそういう問題意識に端を発しています。

そこでこの問題意識を前提に提案したいのが「逆応用科学」の発想であるわけです。つまり「基礎→応用」という発想の流れを逆転し、まずは世の中、特に現代社会の諸問題から問題意識を得る。それを研究室に持ち帰って研究することはできないか、と考えました。論文からヒントを得るのではなくて、現代社会の困難な問題から心理学的・神経科学的（広く言えば人間科学的）な問題を抽出し、その解決に寄与するような目標を設定して、研究する。基礎をやって社会に応用するのではなくて、社会のリアルで危急の問題から出発する。ゴールは二つ。基礎科学的貢献と実社会的貢献の両方です。つまり「逆応用科学」とは、ひとことで言えば「現代社会の諸問題に直接触発された、基礎研究」のことです。この定義の前半と後半が矛盾するように見えるかもしれませんが、そんなことはないのです。というのも前半（「現代社会の諸問題に直接触発された」）は研究のモティベーションと出口、後半（「基礎研究」）は研究の方法論やスタイルを指しているからです。

2　基礎科学の経年変質

　この話をすると「従来の応用研究とどこが違うのか、いまひとつピンとこない」という人もいます。通常の応用科学とどこが違うかと言えば、まずなによりも方法論が違います。応用科学は多くの場合、科学（たとえば基礎医学）の知見を現場（患者の臨床）に持ち込んでその成果を見ようとするのに対して、逆応用科学では、研究そのものはあくまでも基礎研究の研究室で、基礎研究の方法論で行おうとします。たとえば街角での暴力や学校での子どもによる暴力が問題になっているとすると、そこからヒントをもらっていくつかの特定の研究目標を設定します。「過剰な感覚刺激からくるストレスはどのように攻撃性を高めるか」とか、「性衝動をプライミング（刺激）すると、攻撃性は高まるか、またどのような神経過程でそうなるのか」とか。そして実験室で、ヒトや動物の攻撃性を生物学的・心理学的・神経科学的に研究することになります。

　そこでなされることは基本的には実験や解析であり、表面的には通常の基礎研究と見まがうかもしれません。しかし逆応用科学は、通常の基礎科学ときわだって違う点があります。もともとの問題意識が（論文からではなく）実社会からきている関係上、応用の筋道もはっきりしているのです（大学の実験室から世の中へ、つまり往きに来た道を戻るだけ）。

　その歴史的な好例を、米国の社会心理学史が提供しています。ベトナム戦争中の「ソンミ村事件」

（一九六八年三月、米兵が非武装のベトナム人住民を虐殺した事件）などから米兵たちの残虐性や異常心理が浮かび上がり、その反省からさまざまな研究が行われたのです。たとえば、周りが異口同音に見た目の判断を報告すると、自分の知覚判断が違っていてもつい従ってしまうという「社会的強制」（アッシュ）。また有名な「スタンフォード監獄実験」（一九七一年）で、（先のアッシュの実験とともに）社会心理学の教科書には必ず出てくる研究です。被験者を看守と囚人にランダムに割り振って、できるだけリアルに役割行動を実行させていると、看守役による過酷ないじめや暴力、他方で囚人役の服従・へつらいに発展するなど、心理や行動は比較的簡単に変化してしまう。この実験では、囚人役にさらなる屈辱感を与えるため、素手でトイレ掃除（実際にはトイレットペーパーの切れ端だけ）や靴磨きをさせたといいます。いじめや暴力の非個人化・匿名化が起き、囚人側には権力への服従が起きてしまい、ついには禁止されていた暴力が開始され、ジンバルドーらは実験の中止を余儀なくされたといいます。

ここでこのような研究事例を挙げたのはほかでもありません。これらの研究は（その後の批判的検討も含めて）「少なくとも当初は」逆応用科学の使命を十分に果たしていたと言えるのではないか、と感じるからです。それが世の中が変わり、研究が象牙の塔に閉じこもり、世の中から切り離された自分たちの「ゲームのルール」で互いの研究を評価するようになって、その後の研究では次第に逆応用のメリットも薄れていった。そのように要約できると思うのです。

上記の例だけでは具体的なイメージが湧かないと思うので、さらに二、三の研究事例を挙げてイメージを膨らませたいと思います。

3 最新の研究事例――社会ネットワークの観点から

よく「貧困は貧困を生む」といいます。貧困が世代をまたいで再生産されがちなのはなぜなのか。このリアルで切実な問いに、学際的な方法で解を与えた研究グループがいます（Evans & Schamberg, 2009）。そのやり方は、「幼少期の貧困が脳の発達に悪い影響を与えるのでは」という世間知レベルの発想を、科学的に裏付けたにすぎません。つまり「ワーキングメモリ（作業記憶）」、（持続的なストレスによる）「生理的負荷（allostatic load）」増大など、計測可能な科学的指標に置き換え、大量のデータに基づくことによって、貧困再生産の因果的ループ（の欠けていた部分）を確認したのです。その「因果的ループ」を図式的に示せば「貧困→持続的な高いストレス→ワーキングメモリ低下→学業成績や社会的遂行（たとえば就職）の不振→貧困」というふうになります（図序-1）。この矢印（=因果関係）のうち後半部（実線の矢印）はすでに社会科学、特に教育統計学などの文献ではっきり示されていたわけですが、前半部（破線の矢印）を心理学、神経科学のデータで確認し、それによって負の再生産のループを完結させたということです。

これは「出口がはっきりしている基礎研究」（方法は学際的とはいえ、基本的には基礎的手法の組み合わせで成り立っている研究）であることは明らかでしょう。ここでの「出口がはっきりしている」とはっ

図 序－1　貧困再生産のループ

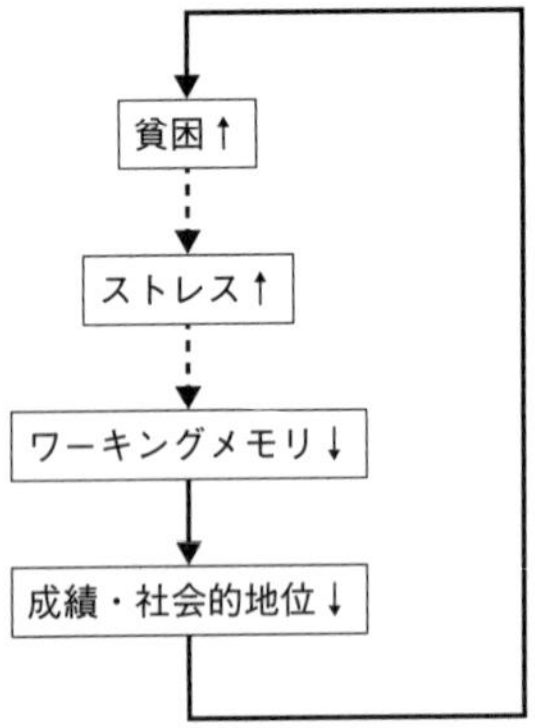

（出所）Evans & Schamberg, 2009. の主張を図式化。

まり、実社会でこの因果のループを断ち切りやすい段階で断ち切らないと、貧困は永遠に再生産される、というメッセージを世の中に伝えている点にほかなりません。

この研究から、逆応用科学にとって重要なレッスンを学べます。つまり世の中で現に起きている（因果の）ダイナミックループを切り離さないで理解しようとするのが大切だということです。従来の研究室での基礎研究は、むしろそれを切り離しブロック分けすることによって、因果解析のワザをかけようとしてきました。しかしその結果、得られた結果が文脈（状況）依存的で、世の中の現実には役立たない、という大きな欠陥が生じてしまいました。もちろんここで紹介したエヴァンズらの研究にしても、データとしてそれほど強力に、結論として「貧困の再生産」の基本原因を言い当てているかは、まだこれからの検証にかかっています。それでもここで取り上げたのは、その問題提起の出どころ（現実の社会問題）、モティベーションのスケールの大きさと現実味、そして学際的な方法論でそれにアプローチしようとしたねらいに、学ぶものがあると思うからです。

もう一つ研究事例を挙げます。大規模社会ネットワークの解析によって、肥満や喫煙などの健康問

図 序-2　人間関係のつながりの強さと喫煙の有無の相関★

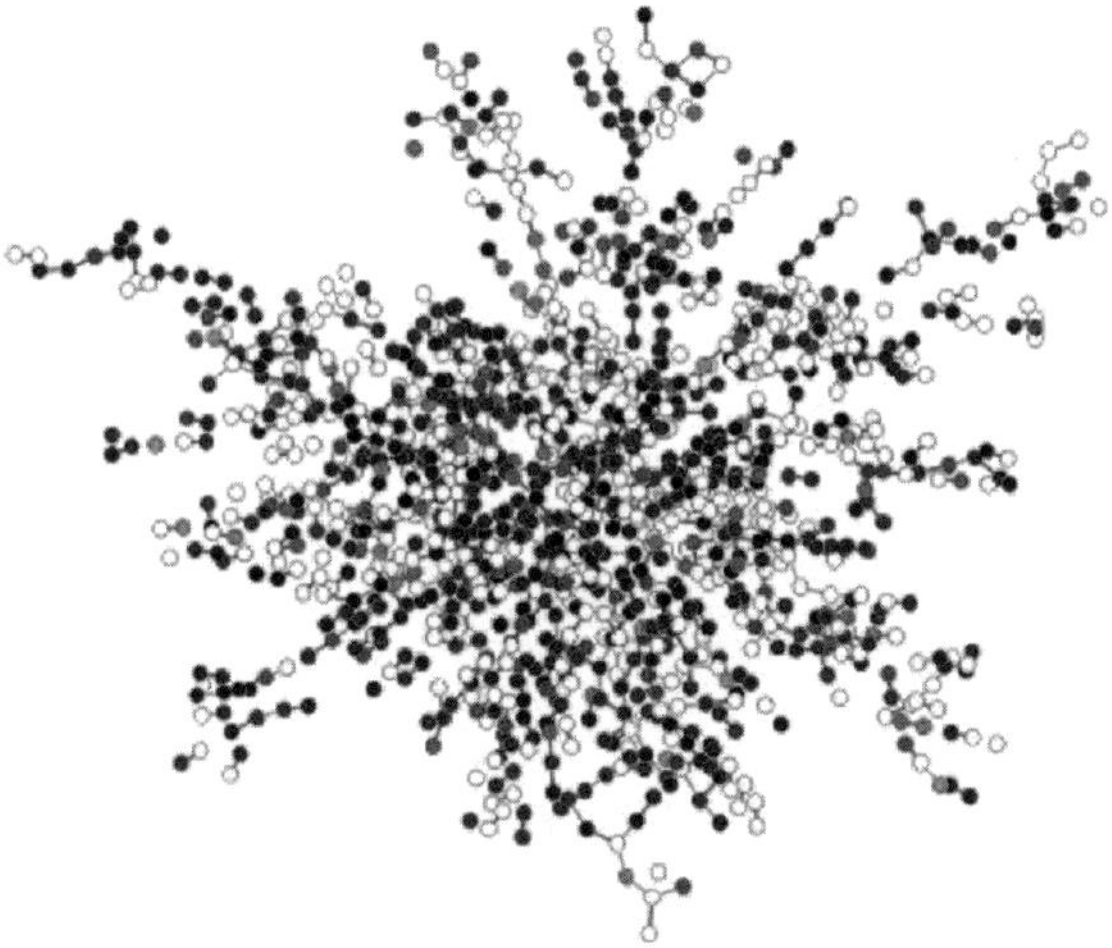

縁取りが濃い丸は男性，薄い丸は女性，また白抜きは非喫煙者，中塗りが濃くなるほどヘビースモーカーであることを示す。また濃い線は友人関係，薄い線は婚姻（パートナー）関係を示す（肉親関係はここには示されていない）。このようなネットワークが年次ごとにどう変化するかを解析し，友人関係が喫煙・禁煙にもっとも影響力が大きいことを示した。

（出所）Christakis & Fowler, 2008. の動画資料より。Copyright © (2019) Massachusetts Medical Society. Reprinted with permission from Massachusetts Medical Society.

題に一石を投じたクリスタキスらによる研究です。「一石を投じた」というのは、多くの生物学的・神経科学的研究に基づく、いわば「生物学的決定論」に抗して、非遺伝的要因（特に社会的要因）が健康問題に大きな影響を及ぼすことを示したからです。この研究が政治学者(Christakis & Fowler, 2007; 2008）の主導によって行われたのも、いかにも米国らしくて興味深いところです。

社会心理学では古くから知られている「ソシオメトリー」という方法があります。たとえばクラスの中で誰と誰が友達同士かを線でつないで示す、あるいは線の太さで社会的な交流や絆の強さを示す。そのようにしてできた社会的なネットワークの図がソシオメトリーです。これによって、誰が皆のつながりの中心にいる「リーダー」か、誰がグループから孤立した「周辺児」か、などもわかるのです。もちろん一つのクラス内だけではなく、ソシオメトリーは学校全体、日本全体、世界全体へと広げようと思えば広げられます。また必要に応じて肉親関係（親子・兄弟姉妹など）を描きこむこともできます。

彼らはまず、このソシオメトリーの超巨大なものを、米国での別の公共調査のデータベースから構築できることに着目しました。インターネット時代の今日、友人関係は遠距離にまたがり、実際米国では西海岸のロサンゼルスに住んでいる人の一番の親友が東海岸のニューヨークに住んでいる、などということがざらに起きるわけです。彼らはそういう社会的ネットワークをまずは基礎データとして用意しました。そのうえで、次のような問いを立てたのです。喫煙や食事習慣など、生活習慣病につながる日々の習慣について、人間関係はどの程度の影響力をもっているか、と。

ここで、喫煙に関する研究を見てみましょう（Christakis & Fowler, 2008）。彼らは単純に、交友関係のつながりの強さと喫煙習慣の有無との間に、相関関係があるかどうかを見たのです。以下、その知見を箇条書きにまとめてみます。

(1)　社会ネットワーク（付き合いや社会的関係性のネットワーク）の中に、喫煙集団の「かたまり（クラスター）」が認められます（図序-2）。より詳しく言うと、3ステップ離れた友人関係まで、有意な影響が見られました。つまりある人が喫煙者だと、その友人の友人の友人にまで、喫煙率（量、習慣など）の有意な増加が見られた（逆に禁煙すると、間接友人の禁煙率まで上がった）のです。

(2) 喫煙クラスターそのものの大きさは経年変化がありませんでした（全体の喫煙率は、全米全体での有害キャンペーンや嫌煙傾向を反映して下がっているのにもかかわらず）。

(3) 「共通運命の法則」がある程度成り立ちました。つまり経年変化を見ると、友人集団ごとにある程度まとまって喫煙を始めたり、禁煙したりすることがわかりました。友人同士の喫煙者は喫煙し始めるときは一緒に始め、止めるときは一緒に止める傾向があったのです。

(4) 喫煙は、社会ネットワークの周辺に集中する傾向がありました。

(5) 配偶者＞友人＞職場の同僚＞兄弟姉妹の順に、（禁煙への）影響力がありました。

(6) 教育水準が高いほど影響力が高いが、地図上の距離は関係ありませんでした。

すでにちょっと触れたことですが、私などは生物学的な文献に触れる機会が多いので「喫煙や飲酒の習慣化しやすさは遺伝（脳神経）で決まる」という遺伝（神経学的）決定論的な側面に接することが圧倒的に多かったのです。なのでこうした知見の手堅い客観的・基礎的・定量的な方法論と、実社会に直接つながるインパクト（学校教育、公共政策など）に対しては大きな驚きをもって接することになりました。

現代社会のもう一つの大きな健康問題である肥満についても、同じ研究グループが似たアプローチを採っています（Christakis & Fowler, 2007）。前の喫煙研究と比較しながら、その結果を紹介しましょう（社会ネットワークを利用する方法論は同じです）。

(1) クラスターと3ステップ限界に関する知見（先の(1)）については、基本的に同じ知見が得られました。つまりはっきりした肥満クラスターが認められ、3ステップまでの間接的な友人関係にまで「肥満の人の友人は肥満である率が高い」という法則性が（ある程度）認められました。

(2)（経年変化を詳しく追ってみると）この傾向は「肥満の人は肥満の人と友達になりやすい」という社会的選択だけでは説明できませんでした。そうではなく、友人が肥満だと自分も（もとはそうでなくても）肥満になりやすい、という傾向が認められたのです。

(3)（具体的に確率で示すと）もし友人のひとりが肥満になったら、当人は五七％の確率で肥満になります。同じく、もし兄弟のひとりが肥満になったら四〇％、配偶者だと三七％の確率で当人も肥満になります。

(4) 同性の友人は異性の友人より影響力が大きく、再び地理的な距離は関係ありませんでした。

(5) 社会ネットワークの中での禁煙の広がりは、肥満の拡散とは関係ありませんでした。

以上見てきたように、これらの研究は「遺伝的な要因（親子、兄弟など）よりは社会的なつながりの影響が大きい」、また「地理的距離は関係ない」など、一見直観に反する結果を、客観的で洗練された方法で抽出しています。これが政治学者を中心とする仕事であること、学際的でありながら基礎的でなおかつ実社会への応用に向けて開かれている点に注目したいのです。

もう一つ別の例として最近、カリフォルニア工科大学の私たちの研究室では「こころの無自覚（無意識）な過程が、行動をどう変えるか」という関心から、マーケティングと重なる「意思決定」の領域でも、研究を進めています。そこでもまた、逆応用科学的な発想とアプローチが威力を発揮します。

（2章の最初であらためて紹介することになるので、ここでは詳述しませんが）、たとえば「CM（テレビ・コマーシャル）の効果と人間の認知」といったテーマはどうでしょう。非常に効果を発揮して売上げを爆発的に伸ばすCMもあれば、全く効果のないCMも多い。この差はどこからくるのでしょうか。ヒトの注意のメカニズムや、感覚・知覚が「報酬系」によってどのように制御されるのか、それらを新たな問題意識から掘り下げることになります。

4　サブリミナル・カット、視線のカスケードなど

その文脈で思い出したのですが、「サブリミナル・カット」というのが、ある種スキャンダラスな事例として心理学史の教科書に載っています。映画の一コマに（一秒の数十分の一なので意識には上らないが）たとえば砂漠のような喉の乾くシーンを入れるだけでコーラの売上げが伸びた、という例のあれです。これはもともとの報告に科学的な信頼性がなく、再現性もないというのが、最近までの心理学の常識でした。しかし最新研究によれば、被験者の喉が乾いているときに限って、サブリミナル・カットは実際に効果がある（飲み物をより多く摂取させる）と言います。（2章で説明するように）まさしく注意経済と報酬原理、その両方が正しいという話なのです（Karremans et al., 2006）。

少し方向を変えて（次の章で詳しく分析することになる例ですが）、原発の安全性ということを考えてみましょう。これには政府・電力会社の安全キャンペーンのような、注意を一方に向けるような操作が

一面で関与します。しかしそれと同時に、近隣住人が安全だと信じたいという内部の欲求も働く。これらがポジティブなフィードバックをなすために、そこに安全神話という心理リアリティが生じるという解釈になります。つまり注意経済も報酬原理も、両方とも正しく、互いに補い合う関係にあるのです。

先の注意経済と関連して、私たちの研究室で公刊した「視線のカスケード」研究をさらに挙げることもできます。これは他所（下條、二〇〇八年）で詳しく紹介したのでここでは繰り返しませんが、本人の選好判断に先立って視線が選ぶほうに引き寄せられ、またこの視線バイアスが自覚的な選好判断にとって不可欠の（潜在的＝無自覚的な）前駆過程となっている。そういう研究でした。選好判断（意思決定）がマーケティングの主要テーマであるばかりか、神経科学に残された大きな問いの一つであることは、あらためて指摘するまでもありません。

またポケモンアニメによって数百人の子どもが光過敏性痙攣（けいれん＝てんかん発作）を起こして病院に搬送されたポケモン事件（二〇〇〇年）、ご記憶でしょうか。これに触発されて私たちが行った一連の実験も、光過敏性の脳内メカニズムを探求する基礎研究のモティベーションと、言うまでもなく、危険性のある子どもをあらかじめ同定したり、診断・治療に役立てたい応用的なモティベーションとの両方がありました。

これらの例では、「世の中的（特に現代的）に提起されている問題や現象、疑問」を、実験室で問いうる形に翻訳して（つまり人間の本性に関する実証的問いに翻訳して）実験室に持ちこみ、解を出そうとします。そしてそれを今度は入り口から外の世界へ持ち出し、役に立てる。そういう流れが共通しています。これが逆応用科学の流れにほかなりません。ひとことで言って、こころや脳の基礎的解明と、実社会の現代的問題解決との、一石二鳥をねらう。そのように言うこともできるでしょう。

ここまでこの章では、戦争に触発された社会心理学の古典的研究を皮切りに、貧困を身体科学的・神経科学的なアプローチからグローバルに捉えた研究、社会ネットワークの観点から喫煙や肥満などの健康問題にアプローチした研究、注意経済と報酬原理、選好判断と視線、ポケモン事件と光過敏性発作など、目についた事例を挙げてきました。繰り返しになりますが、基礎研究と逆応用科学とはあくまでも連続的で円環的です。読者も研究事例を目（耳）にするたびに、基礎研究↓逆応用科学という連続体を念頭に置いて、研究を評価してみてください。多くの研究はこの両面を持っているはずです。ほかにも面白い事例がいろいろ見つかると思います。

5　基礎科学も、元をたどればすべて逆応用科学だった

最後に付け加えなければならない大事なポイントがあります。これまでも社会心理学の実例を挙げて触れたように、基礎科学はその起源をたどれば、元はすべて逆応用科学だったと言えると思います。これはまあ当たり前の話で、まだ科学の諸分野が分化し確立されていなかった時代、その当時の社会のそれぞれの必要性に応じて科学へのニーズが生まれ、発達し、体系化していったと考えられます。

洪水後の土地の測量から幾何学が芽生えたり、暦を作る必要から天体観測が体系化されて天文学に発展したり、といったように。

ただそのようにして世の中のニーズに直接リンクしていた諸科学も、長い歴史の中でもともとのモティベーションを忘れ、研究者の意識としても実社会から切り離され、細分化され、硬直化し、視野狭窄に陥ってしまった。ですからここでの逆応用科学の提案は、なにも「逆応用科学」という名の新しいアプローチを打ち立てようというような、大それた試みではありません。そうではなくて、科学の社会との本来のダイナミックなつながりを取り戻そうという、いわばルネッサンス（＝再興）の提案なのです。

次章では、もっとも大きな応用問題として、また同時に思索の出発点として、原発をめぐる諸問題を考えてみたいと思います。

原発はなぜ安全に見えたのか、なぜ人類は飛びついたのか、なぜ危険が長らく見過ごされたのか、なぜ危機に直面して全く対応できなかったのか、等々。これらを逆応用科学への入り口として問題設定し直すことを試みたいのです。この後の章ではこれを受けて、認知心理学・神経科学の基礎的な知見を応用しつつ（未熟ながら）逆応用科学の実践を試みたい。これが本書全体の構想でもあります。

1章

「想定外」を科学する

——原発問題では何が起きていたのか

◎はじめに

「逆応用科学」を提唱した前章を受けて、本章ではその現代的で大きな具体例として原発をめぐるさまざまな問題を検討します。それらの背後にはこころの問題、とりわけこころの深層（潜在）の情動や認知プロセスが横たわっていることがわかるはずです。つまり「逆応用科学」の立場から、まず本章では、世の中の「巨大な応用問題」である原発の問題を取り上げようと思います。次章以下では、そこで浮かび上がった認知心理学的な問題を、基礎的な知見と突き合わせて分析していきます。おおよそそういうプランです（そのためこの章では少し現実の原発の問題に深入りしますが、興味のない読者は斜め読みして次の2章に進んでもらってもいいと思います）。

この章の内容として、取り上げたい原発がらみの問題というのは、だいたい次のようなものです。

(1) 原発はなぜ安全に見えたのか
(2) 原発の安全管理はなぜおろそかにされたのか
(3) 危機対応がお粗末だったのはなぜか
(4) 原発はなぜ経済的に見えたのか

いずれもよく見ると、心理学的研究でよく取り上げられる（だが多くの場合未解明な）認知バイアスや心理現象と深く関わっていることがわかるでしょう。まさに「逆応用科学」アプローチで考えるような、現実社会の入り口→研究室での基礎研究→現実社会への出口、という「Uターン経路」をたどれることがわかります。中身に入る前に一言だけ。原発問題はきわめて政治的な問題なので、この本全体の基本方針として、次の五点を最初に確認しておきます。

(1) 政治（倫理）レベルの議論は、なるべくしない。

(2) 悪者説は採らない（と言っても、悪者がいなかったと言いたいわけではない。そうではなくより普遍的な心理要因に目を向ける、ということ）。

(3) ヒトの心理・生物的な本性に立ち返り、同時に現代社会固有の問題として考える（つまり原発問題を、いわばこころと社会の盲点で増殖したガンのようなものとして捉えていく）。

(4) なぜ、人間・心理・社会科学は、（こういう大災害を防ぐのに）役に立たなかったのか（立たないか）という問題意識で眺める。「逆応用科学」の考え方から、基礎研究と現実の応用問題のギャップを埋める作業をしたい。

(5) 木を見て、森も見る。つまり個々の心理現象や効果を丁寧に見る、だが同時に、それが全体としてどういう結果（たとえば安全管理の不備）をもたらしたかに留意する。強いて言えばこの本は「反原発」の立場に分類されるでしょうが、そこが主張したいポイントなのではなく、むしろそこに至る過程でなぜそういう結論にならざるを得ないか、この点が大切なのです。

◎意図的な歪曲もあるが……

「悪者探しはしない」と言いましたが、確かに当事者が意図的に事実を一方向に歪める形で広報していたと非難できる（つまり悪者がいたと想定できる）ケースもあるでしょう。たとえば、電力会社による原発重大事故率の見積もりは、保険会社のそれと比べて数倍〜数千倍も低いといいます（『東京新聞』二〇一一年七月四日付スクープ）。電力会社によると過酷事故の発生頻度は「千万年に一回」で、保険会社の見積もり「およそ三九年に一回」とは、桁外れに食い違います。保険会社はビジネスだから、危険率の厳密な評価には定評がありますし、多くの論者が、世界の原発事故史を踏まえて「三〇〜五〇年に一回」という推定を採用しています。なぜ電力会社の確率見積もりだけ、こんなに極端に低いのか。そこには確率計算のからくりがあります。電力会社は、非常用の電源や冷却装置などが「すべて同時に故障する確率」＝重大事故の発生率としました。計算のイメージとして、仮に一つの機器の事故率を一〇〇分の一と見積もっても、それらが五個あって全部が同時に故障する確率となると、一気に1/10000000000＝一〇〇億分の一に減ります。安全機器をもう一つ足して計算すれば、そのさらに一〇〇分の一になってしまうという具合で、数字の操作し放題です。

しかしこの一見正しい計算には、実はこっそり忍び込ませた事実に反する仮定があります。それは「事象の独立性」の仮定です。先の福島第一原発の事故でも明らかなとおり、巨大災害では複数の安全システムが（地震や津波など一つの原因で）同時に故障します。先の例で五つの安全機器が常に同時に故障するとすれば、たちまち事故率は一〇〇分の一に跳ね上がる。もちろんこれも極端な仮定ですが、災害が巨大化するほど、同時故障の確率が高まるのは事実です。

これに類する「偏った見方」はほかにもあります。

しかし繰り返しますが、これらの事例について、「悪意がある」「犯人は誰か」という方向で批判しようという意図は、この本にはありません。そうではなくて、このような意図的に見える事例でさえ、ヒトの「こころの本性（限界）」ともいうべき潜在的な認知バイアスや危機における情動・行動のパターンが影響している（2章）。ひとたび情報が公開されるや否や人々のこころの「心理リアリティ」となる（3章）。しかも公開した側と受け取った側の間で共有され、「シェアド・リアリティ」に格上げされる。それが増幅されて安全神話となり、また（当事者を含む）人々の潜在認知（ヒトの本性）を歪める（2章、4章）。むしろそうした社会の中で起きる心理的な過程の解明へと役立てたいのです。

話をちょっと急ぎすぎました。まずは時間を少し遡って、あの福島第一原発の事故の前に「原発が安全に見えたのはなぜなのか」。まずはこのあたりから見ていきましょう。

1　原発はなぜ安全に見えたのか——想定外とブラック・スワン

「想定外」とは何か

二〇一二年七月五日に提出された「国会事故調報告書（東京電力福島原子力発電所事故調査委員会報告書）」は、予想に反し政府・東京電力（以下、東電）に厳しい内容でした。地震で小規模の配管破断などが起き、炉心損傷や炉心溶融に至った可能性があることなどから、津波による「想定外」は言い訳にならないと指摘しました。事前に防げるチャンスはあったのに、「事業者が規制当局者を骨抜きにし」「原発はもともと安全が確保されているという大前提を共有した」結果、疑問を呈するような知見や規制は先送りされたと指摘しています（上記「国会事故調報告書」ダイジェスト版）。結局、今回の事故は「人災」だったという結論です。

その後七月二八日には政府事故調査委員会の報告書も出ました。これは地震で原子炉が損壊していた可能性を否定するなど、一部異なる見解を示しています。しかし事故を「人災」とし、国と東電の対応を厳しく批判した点は同じです。私は大筋でこれに賛成しますし、この事故について「想定外」「人災」という言葉を使ってきました。しかしこれらの語が頻繁に使われるのを見て、警戒心も働きます。「想定外」をめぐる議論には、「あの時点では」「あの規模の津波に関しては」というニュアンスが常に伴うのです。「想定外ではなかった」という批判を丸ごと受け入れたとしても、次回はよりいっそう想定内になるから防げる、という観点が準備されうるわけです（現に政府、電力会社が再稼働をめぐって主張しているように）。

しかし「想定外」は、ほとんど逆の意味にもとれます。想定外が起きた後にも、常に別の想定外は存在します（これについては「ブラック・スワン」の考えとして次項で詳述します）。私たちの想像力を超えるところで、カタストロフィ（破局）は可能性として存在し続けるのです。確率は低いが、完全に避けることは私たち人間にはできない。そういうスタンスから本章を語りたいと思います。

皮肉にも今（二〇一九年になっても相変わらず）、各原発で再稼働に向けて進められているのは、「福島と同じ規模の地震、津波にも耐える」対策です。このことがすでに、「ヒトは想定外には（定義上）備えられない」ことの証《あかし》となっています。また関連して「人災」という言葉にも、いろいろな含意がありま す。「人災だった」という結論は、「それに学べば次は防げる」という示唆につながりやすいからです。

現に、国会事故調報告書もこの線に沿って、七つの提言をしています（「規制当局に対する国会の監視」「政府の危機管理体制の見直し」など）。その多くは実現可能な提言で傾聴に値します。ですが同時に、「形を作っただけでは機能しない」という政府事故調査委員会畑村委員長の所感にも表れているとおり、それが問題の本質なのか、それで本当に安全が確保されるのかという点から考えていく必要があります。

「人災」の全く別の解釈として「この規模の安全管理はヒトの能力の限界を超えるから、防ぎ切れない」という立場もありえます。

この立場は誤解を招きやすいかもしれません。しかし、ここで私はなにも「安全対策なんて何をやっても無駄」と言いたいわけではありません。原発が現実に日本にあってそのいくつかは稼働している。それを前提に考えれば、短期的には「想定外」の欺瞞性を反省し「人災」の中身を分析することが、「次」に備えるうえで重要でしょう。とりわけ、まだしばらくは原発に頼らざるをえないとすれば。しかし他方で、長期的にはむしろ「次は大丈夫」が本当に大丈夫なのかを、問う必要があると思います。ヒトの情動や認知の本性、社会システムの未熟を前提に考えなくてはならない。どこまで行っても「想定外」はヒトの認知を超えてつきまとい、大災害は常に起こりうるのではないか。この章の結論を先回りして予告するとすれば、そういうことになります。

◎タレブの「ブラック・スワン」

ナシーム・ニコラス・タレブという人の『ブラック・スワン』というベストセラーになった本があります。日本でも翻訳（タレブ、二〇〇九年）が出ています。この本で結局タレブが言っているのは、「想定外のことには、定義上、人間は備えることができない」ということです。「ブラック・スワン」とは直感的には「滅多に出くわさない出来事」という意味です。これには歴史的な語源があって、ヨーロッパではスワンは白鳥というぐらいですから白と決まっていて、例外はなかった。ところがオーストラリア大陸を発見し行ってみたところ、黒いスワンがいたわけです。しかし、それによって「黒い白鳥もいる」とはなかなかならなかった。このあたりに語源があるらしいのですが、後でまた触れます。タレブの本によれば、ブラック・スワンの定義は三つあります。

(1) 巨大なインパクトがあること
(2) きわめて稀であること
(3) ひとたび起きるや「十分に予測できた」と感じてしまうこと

この三つを兼ね備えた事象のことをブラック・スワンと呼ぶのです。私自身が書いたこと（下條、二〇一一年a）も含めて、多くの論者が「あの地震は想定外ではなかった」と言っています。想定外ではなかったが東電が怠けていたとか、金儲け主義で安全管理をさぼった、という批判をしていて、それはそれなりに納得のいく話です。ただ問題は、これらのことを「いつ」言っているかです。あの大事故が起きる前にそれを指摘していた人は非常に偉いと思いますが（たとえば、有名な反原発の物理学者・高木仁三郎氏、原子炉工学者・小出裕章氏、カリフォルニア工科大学の地震学者・金森博雄氏など）、いくら叫んでも実際には大多数の賛同は得られなかった。今になって声を大にして批判している人たちの多くは、私を含めて、3・11の後で批判している。これがまさにタレブの言う、もともとは文字通り「想定外」だったのに、ひとたび起きるや「十分に予測できた」と感じてしまう特性、そのものです。タレブの本が挙げている歴史的な事例としては、世界大恐慌、バブルの崩壊（とそこからの急速な回復）、ヒトラーの台頭と第二次世界大戦の勃発などがあります。天才的なアイデアや新分野の創出も彼にとってはブラック・スワンであり、必ずしもネガティブな例ばかりではありません。もちろん福島第一原発の事故も、ある意味これらと同列の典型的なブラック・スワンではないか、と言いたいのです。

ヒトは反証を見ても意見を変えない

タレブが盛んに論じているのは「ヒトは反証を見ても意見を変えない」ということです。タレブ自身はレバノンあたりの中東の人であるようです。レバノンにパレスチナ人が皆流出して逃げていったときに、「あんなことは一時的で、滅多に起きることではない」と大人が言っていたのを、まだ子どものタレブは聞いていた。ところが実際には恒久化してパレスチナ問題になっている。そしてあらためて歴史を見直してみると、どうも話が（後付けで）作られすぎている、全部が辻褄が合いすぎていて、自分が目の当たりにしている（現在進行形の）中東情勢の理不尽さと噛み合わない、と感じたそうで、このあたりに「ブラック・スワン」を構想するきっかけがあったようです。

先に触れた「白鳥」の逸話に戻りますが、ヨーロッパで白鳥を見たら、いつどこで何度見ても白かった。だから白鳥というものは定義上白いのだ。そのときに初めて白鳥と形は似ているが色が黒い鳥を目撃したら、直ちにその信念が変わるでしょうか。変わらないのです、単に別の鳥だと思うのです。実際この黒い鳥が大ガラスだったら、それで正しいわけですよね。そして「白鳥は白い」という信念はむしろ強化されます。

ここで少し立ち入った話をすると、論理学では逆／裏／対偶の三つを区別します。ある命題が真である（正しい）とき、その対偶も正しい。だから「白鳥は白い」という命題が真なら、その対偶「黒い鳥は白鳥ではない」も論理的には真です。論理的には等価である。だから「黒い鳥は白鳥ではない」と信じることは、決して間違ったことではなくて、むしろ論理的に正しい。ただ運悪く、この場合最初の命題が真ではなかったから問題が生じたのです。

この例のとおり、新たなサンプリングは、それまでの信念を固める方向にしか働かないことが多い。これが人間の認知の本性です。同じことが原発についても起きていました。つまり原発の「安全神話」を刷り込まれた人にとっては、安全性を疑わせる兆候に直面しても、それを正しく評価できない。むしろ「実際、大事に至る前にチェックできたではないか」とか、「これで少なくとも、似た故障は将来にわたって防げるので、よりいっそう安全になった」などと思ってしまうのです。実際、原発をめぐる小事故はたびたび起きていることが、後になって数多く指摘されました。ネジがとれた、ヒビが入った、安全点検を怠っていた、といった類のことです。「チガヤという雑草の硬い尖った葉が、汚染水ホースを貫通して水漏れが起きていた」という小事故（騒ぎ）もありました。ではここにきて急に、こういう小事故がこれだけ頻発したのはなぜなのか。もちろんこれは見かけ上の増加にすぎず、単に報道の「閾値《いきち》」の問題です。つまり、原発事故の前なら話題性がないから報道せずにすませてしまうが、事故後には問題化されやすいという傾向を反映しているだけでしょう。実際には、こういう安全上の小さな事故は昔から同じ頻度で起きていた。しかしそういう小さな兆候を多数見ても、安全神話は揺らがなかった。そう考えるのが自然でしょう。そういう頻発する小事故をどう解釈するのか。たとえば「いろいろな問題はあっても全く被害はなかった、放射能は漏れなかった、だからやっぱり安全なんだ」という考え方もあります（実際そういう論調も目につきました）。他方で「こんなに事故が多く生じているということは、どこかでそれらが重なって大事故につながってもおかしくない」、そういう感じ方もある。同じ証拠がどちらにもとれるのです。こういった状況でヒトはどちらの立場をとるのかというと、これまでのコミットメント（つまり関与の深さ）によって証拠の受け取り方（シェアド・リアリティ）が変わってくる。タレブが言いたかったことの一つはこれです（また、後の4章で、安全神話＝シェアド・リアリティと捉え、それがさらに閉じて強化されていく心理メカニズムを検討します）。

◎原発事故はどういう心理的特徴を備えているか

原発は「国家事業」ですから、言うまでもなく政治的な部分、経済的な部分、そして国際関係に関わる部分まで、いろいろな側面があるわけです。しかし「ブラック・スワン」のコンセプトを前提に、心理機制の観点から見て、そして悪者探しではない観点で見たときにはいくつか言えることがあります。

(1) まず一つは、タレブが言っている「事前にはきわめて起こりにくく見える」という点。これを踏まえると（ここから先は私が勝手に補って言っていることですが）、端的に損失は苦痛を伴う。その苦痛に対して目を逸らす心理機制が働くのではないでしょうか。これは心理学的にも神経科学的にも知られていることですが、現実の損失そのものだけでなく、それを頭の中でシミュレーションする＝想像することも、大きな苦痛を伴います。たとえば大きな罰に対して、それを想像するだけで、実際に罰を受けたのと同じ部位に神経活動が起こるということが示されています。また他人が苦痛を受けているのを見ただけで、自分が同じ苦痛を受けているときと同様の活動が、脳の島《とう》（insula）という場所で見られます。想定外のシミュレーションはそれ自体が苦痛を伴うのです。しかしだからと言って、当事者、為政者、そして社会制度として、そうしたシミュレーションが不要かと言えば、むしろ逆で、苦痛を感じることこそ、よりいっそう必要だったわけです。まずここに心理機制という意味で問題があったのです。

(2)　二つめは、タレブも強調していることですが、人間は基本的に過去に向かってチューニングしている動物であるということです。過去のデータだけから未来を予測する。その結果どうなるかというと、非常に異質な、例外的な、そして過去データがまだない場面では、次を予測することが原理的にできない。人間はもともと（確実な事象については論理的に分析・推論できる反面）、不確実な事象を取り扱うことが苦手な動物なのです。

(3)　もう一つ。これもタレブの二つめの項目と対応していますが、（2章で詳しく述べる）「後付け再構成」という、人間の思考、脳の働きの特徴です。これは私自身が最近研究しているテーマでもあるのですが、ミリセカンドのレベルの知覚から、数カ月にわたる歴史的な事象まですべてに共通する心理メカニズムだと考えられます。わかりやすく言えば、後付けの辻褄合わせです。ヒトは事後に歪めて（しかしある方向で法則性に基づいて）過去の因果関係を理解するということです。これがあるので、原発の危険性も非常に大きく誤解されていた。想定外ではなかったと皆が言っているわけですが、ならばなぜ防げなかったのかという疑問が当然浮かんできます。もし事故が起きる前に大多数の人が想定内だと思っていたのなら、原発は停まっていたはずだ、と。この疑問に対するわかりやすい答えが、後付け再構成ということです。つまり「想定外ではなかった」と判定を下したのが事後である、と。（すでに述べたとおり）事故の前にも、想定内でこういうことがある、危険だからやめろ、と言った人は結構いました。ただそれが大多数の賛同を得るには至らなかったわけです。偉そうなことを言っていますが私自身、何も知らなくて（今でも大して知らないのですが）原発のこのような事故が起きてからようやく原発の経済構造に目を向けるようになった、というのが偽りのない事実なのです。

2　原発の安全管理はなぜおろそかにされたのか――想像力の限界

福島第一原発のような過酷事故が起きる前、原発はなぜ安全に見えたのでしょうか。もちろん「国民は騙された、本当は安全でないものを安全と吹き込まれ、それを信じた」というのが、世論の大勢かもしれません。そういう面も確かにありますが、（何度も言うように）ここでは基本的に性悪説は採りたくない。そこから外れる要因、心理的な強制力のほうにこそ、本質があると思うからです。この意味で大きな要因だと思うのは、「認知の限界」つまり「想像力の限界」という心理要因です（ヒトのこころの本性としての限界については、2章で詳しく触れます）。

これを裏付けるために、原子炉事故がどうして起きたのか、その技術的な中身に少しだけ立ち入ることをお許しください。そうした技術的な事故原因にどうしてあらかじめ備えられなかったのか、それを知りたいのです。

福島第一原発の二つの原子炉は、津波から数時間以内にメルトダウンを起こし、三つめの原子炉は二、三日後にメルトダウンを起こしたことが、だいぶ後になってからわかりました。それぞれの原因を追究する試みは、いろいろ報告されています。特に指摘されているのは、①非常時電源、②SR弁の作動、③非常時物流（特に非常用のバッテリーと物資輸送）の問題、という三点です（以下、NHKの特番ほか、各報道に基づく)。

まず第一の非常時電源について。地震や津波、火災、テロなど大きな緊急事態では、通常電源が喪失し、緊急電源に頼らなければならないことは、後付けで考えれば自明です。後付けでなく事前に警鐘を鳴らす専門家もいましたが、黙殺されました。誰も真剣には考えなかった、というより、リアルには想像できなかったというのが真相でしょう。それればかりか、(日本各地の原発立地を見ると)冷却水を汲み上げる効率などの理由から、わざわざ高台ではなく海岸沿いの低地に建設したり、崖を削って水際に低地を作って建設したケースさえあるようです。もちろん経済的な理由や、電力会社の政治力や安全プロパガンダの影響が大きいのでしょうが、これほど素人でもわかる非常時の制約条件(=通常電源の喪失)が全く顧慮されず、その対策も立てられていなかったことは、今となっては驚愕に値します。ブラック・スワンの特徴(実際に起きるまでは「想定外」)そのものです。

第二に、もう一つ原子炉の緊急事態を大きく悪化させた要因となったのが、「SR弁(主蒸気逃がし安全弁)」だと言われています。電源喪失で冷却装置が停まってしまうと、緊急に水を注入しなければならない。ところが内部の蒸気圧が高すぎて水が入らないので、蒸気を外に逃がす必要があります。もちろん「蒸気逃し弁」を開ければ放射能も出てしまうが、開けざるを得ない。その安全弁が開かなかったというのです。原因として専門家が集まって結論したことは、格納容器の圧力が異常に上昇し、SR弁内部の圧力も高まって弁を押さえつけたということです。これが専門家の現在の「後付け」の結論です。これに対して「いくら何でも、そんな当たり前のこと、設計の時点で考慮されているはずでしょう」という反応を聞いたことがありますが、それがまさにブラック・スワン（後から見れば自明で当然予測できる）ということでしょう。

最後に、非常用のバッテリーと物資輸送について。福島第一原発の3号機は、事故後わずかなバッテリー残量で冷却する作業を行っていました。非常用電源も失っているためバッテリーが緊急に必要であることはすぐにわかって、自衛隊が緊急空輸しましたが、コミュニケーションの混乱があり、なんと2Vバッテリーばかりが大量に用意されていたといいます、現場が必要としていたのは12Vのものだったのに。結局、切羽詰まった現場では、所員のとっさのアイデアで、所内でかき集めた自動車の12Vバッテリーをつなぎ合わせて、緊急冷却の開始から数時間後、やっとSR弁が開きました。この経緯自体が、そもそもの想定のなさと準備の足らなさを雄弁に物語っています。そして後のシミュレーションによれば、その時点ですでに核燃料は損傷しほぼメルトダウンが起きていて、水素が建屋にたまっていたのです。そしてとうとう三月一四日午前一一時過ぎ、3号機は水素爆発をしました。現場から二〇キロメートルの物流拠点（Jビレッジ）には、全国から集められた無用の2Vバッテリーばかり大量に（数千個というオーダーで）集積していた。他方、五五キロメートル離れた備蓄基地には、12Vのバッテリーが一〇〇〇個以上あり、小型ポンプや発電機もあったが、足止めをくっていました。というのも（原発が放射能ですでに汚染された）緊急事態で、ものを運ぶ仕組みがなく、法令も整っていなかったからです。放射線量の上昇が事態を困難にしており、たとえば正門付近で、津波から二日後の三月一三日に最大二八一マイクロシーベルト（四時間で年間許容量を超える値）に達した。現場では支援が届かない中、メルトダウンを防ぐのは不可能だったといいます（所長らの後の証言）。これは現場の不手際というより、実際に不可能だったと認めざるを得ない。素朴な感想としてお粗末だなあと思ってしまいますが、これらのすべてのディテールは「（専門家を含む）ヒトの想像力の限界」を指し示しています。緊急物資輸送が必要になるのは、放射能に汚染された後になる確率が高いわけです。それなのになぜそれを前提に輸送手段を確保したり、法を整備したりしようと思わなかったのか。ついそう言いたくなりますが、それらはやはり後付けであり「後から見ると自明に見える」典型例なのです。私たちのこころはそうした特徴を持っているので、次回（の危機）が本当に大丈夫かをその観点から考えなければいけない。そういうことです。

◎想像力を超えることには備えられない

先に触れたように、SR弁は一番必要なときに、まさにその同じ条件（＝電源喪失のために原子炉内部が高温、そして蒸気のせいで高圧だったという条件）のせいで、開かなかったのです。つまりSR弁は普段は必要なく、特殊な緊急の条件のもとで必要になるわけですが、まさにその条件のもとでは作動できないような設計になっていた。いくらなんでもそんな馬鹿な、と思うでしょう。しかしもちろんそれは全部後知恵です。そもそも「格納容器内部の圧力が問題」という発想そのものが、安全設計の時点でも事故後の緊急現場でも全く欠けていた、と複数の専門家が後に証言しています。空気圧配管や物資の輸送についても同じことが言えます。基本的な問題は、安全装置や緊急の物資輸送などの安全システム全体が、「まさにそれが必要とされる状況では」テストされていない、シミュレーションされていなかった。そういうお粗末な状況が起きていたのです。なにも安全設計をした人たちに問題があったと言いたいわけではありません。むしろこれが人間の本性なのではないか。つまり端的に「思いつかなかった」。格納容器内の蒸気がものすごく高くなるということを思いつかなかった。思いつく方向に注意や思考が向かなかった。そういうことなのではないでしょうか。もし思いついていれば、それでシミュレーションして対策をするのは容易だったかもしれません。

些末な例ですが、夏に暑い部屋で寒冷地への出張の準備をすると、たいてい防寒着の準備がおろそかになります。Tシャツばっかり持ってきて自分でも呆れる、という経験はありませんか。高齢や身体的なハンディを持つ人の経験についても、いくら共感性の高い人でも、実際そこに身を置いてみないとわからないことはあります。私自身の父親が高齢で弱ってから、若い頃強壮だっただけにこんなふうになるとは夢にも思わなかった、と本人が述懐していました。たとえば、バーチャル・リアリティやテクノロジーを用いて、眼病で視野が狭窄するとどうなるのかが実体験できる装置があります。そうした装置に価値があるのは、想像することと体験することには大きな差があるからです。想像してみることの可能な範囲は案外狭く、現在の身体の状況や気象条件、現在の原発の状況等々に、非常に強く支配されている（のに皆気付かない）のです。安全工学のエンジニアのシミュレーションといえども、そうした人間の認知の本性から逃れられるわけではない。いかなる高速コンピュータを用いても、単に思いつかなかったという時点で、すでにアウトなのです。想像力を超えることには、備えられていないのです。

　これに対して「信じられない。ＳＲ弁やベントと言われているものは、そもそも何のためにあるかというと、圧が高くなるのを逃がすための設計だろう。それが機能しないはずがない」という感想に接したことがあります。だがまさにそこが問題で、専門家も設計段階で重大な勘違いをしていて、内側の圧が高くなったときに逃がすことばかり考えて、外側の圧のことは考えていなかった。では外側の圧はどうして高くなったのかといえば、原子炉の過熱で発した蒸気により、高温・高圧力になった。つまりＳＲ弁が必要になる条件そのものの、もう一つの効果を見逃したのです。

　ということで長くなってしまいましたが、おおもとの問いに戻って「原発の安全管理はなぜおろそかにされたのか」。その答えは、安全管理／設計をした人間の想像力に限界があったからではないか。そしてそれが（専門知識の有無にかかわらず）人間の本性だからではないか。この点を本書では明らかにしていきたいのです。

3　危機対応がお粗末だったのはなぜか

　福島第一原発の事故のもう一つの特徴は、誰もが後の報道を見て感じたとおり、現場の危機対応にもいろいろ問題があったことです。正確には、現場の当事者はそれぞれ死にものぐるいの働きをしたものの、情報不足や連絡・意志決定の遅さなどが重なり、それが適切には作用しなかったということです。これはまず、パニック行動と情動反応という観点から理解できます。

◎情報操作がパニック行動を引き起こすという皮肉

人の想像力の限界について先に述べましたが、ここでは、事故がひとたび起きると、ヒトのこころはどうなるかという話をしましょう。福島第一原発の事故について海外の報道では、日本人のふるまいがしっかりしていた、パニックが起きなかったと言われました。極端な危機状況では当然、集団にパニックが起きる・起きないということが話題になるわけです。そこでまず、パニック心理学で古典的に言われていることをまとめておきます。「正確で敏速な情報の欠如→不安・疑心暗鬼→流言飛語→他人のパニック行動を見る→火がつく→なだれ現象」、これが古典的に言われているパニックのメカニズムです。社会心理学の教科書に載っている古典的な例として、オーソン・ウェルズのSFドラマによって起きた全米でのパニックが有名です（下條、二〇〇八年ほか）。これはSFドラマでしたが、冒頭でニュースの体裁をとって火星人が侵攻してきたということが読み上げられました。それを聞いて、全米で皆が車に荷物を積んで避難を始めてしまったのです。また日本での古典的な例として、関東大震災と当時「朝鮮人」と呼ばれて差別されていた人々をめぐる流言飛語がよく知られています。

それらを踏まえて福島第一原発の事故で思うのは、パニックを避けようとした政府とマスコミの動きが裏目に出たのではないかということです。裏目に出た、というのは以下の意味です。まず最初からすでに、政府の発表は信用できないのではと、皆が疑心暗鬼になっていた。ところが、SPEED

Ｉ（放射能拡散シミュレーター）の（風向きなど気象条件からの汚染の広がり方の）情報はすでに米国では把握されていて、それを受けて海外のメディアが先行して曝露し日本のマスコミも追随した。そこでやむを得ず政府、東電も追随するという事態になったのです。その結果、避難指示も後手に回り、幼い子どもたちを含めて住民を何日も危険に晒すことになりました。ある意味、危機の実体が「過去に向かって広がっていく」ということが起きました。つまり、メルトダウンは起きていないと言っていたのに、何カ月か後になって「やっぱりあの時点でもう起きていた」ということになった。いつ起きていたかというと、二つの原子炉については震災直後に起きていた。三つめの原子炉も二、三日後には起きていた。これらのことが何カ月も経ってから、一般に知られるようになったわけです。このように危機の実体が過去に向かって広がる状況というのは、情報源が信頼を失うもっともはっきりした、もっとも極端なケースと言えると思います。そしてその結果「空中（インターネット）と地下（アンダーグラウンド＝噂）が地上（政府と大手マスコミ）より信用できる」という状況が起きた。これは一度そうなると、なかなか元には戻れません。ちなみに民間事故調査委員会の報告書は、ＳＰＥＥＤＩがなぜ機能しなかったのかということを分析して、「見せ玉《ぎょく》」にほかならなかったと表現しました。実に本質を（そして日本の文化を）的確に捉えていると思いました。見せ玉の意味は、ＳＰＥＥＤＩが立地自治体の近隣住民に安全性を証明するためのアリバイとしてそもそも作られたものであり、それが実際に危機状況で機能するかどうかを誰もケアしなかった、そういうことです。見せ玉として機能していればそれでよかったのです。

この項をまとめると、政府のパニックを避けようとした情報操作と曖昧な避難指示が、結果において（被害地域だけでなく日本全体で）民衆の不信感を煽り、大規模なパニックこそ起きなかったが、その種を膨らませる結果となったのでは、ということです。

◎情動反応と危機管理

また、このような社会全体としての危機における情報管理を考える大前提として、危機が起きた際（つまりパニック状態）の情動反応の特徴を理解しなくてはなりません。危機が起きたときの情動反応は型にはまっているという事実が（先の「想像力の限界」に加えて）、危険を増大させているからです（この点は、次の2章で掘り下げます）。

原発が事故を起こしたときに現場の管理者に起きることは、ほぼパニック状態＝社会的な異常興奮状態です。そこで現れる情動の社会性と無自覚性、そして定型性を理解しなくてはなりません。パニック時の情動反応は型にはまっているがゆえに、その文脈にとって時として非合理的だし、反適応的になってしまうことを避けられない。こうしたパニック反応の特徴が、たとえば原発危機の際に要求されていることと真っ向から相反することは、少し考えれば明らかでしょう。巨大システムの危機対応は、多様性と柔軟性を要求します。たとえば、ＩＣ（非常用復水器）をめぐる措置にしても、状況に応じていろいろと違うことを（マニュアルで臨機応変に）やらなくてはいけないし、また違う順番で行わなくてはならない。そのときに先ほど言った情動反応の「型にはまっている」という特徴が邪魔をする。またその緊急事態をシミュレーションして安全管理のシステムを作るときに（たとえば、冷却水の弁をいくつ付けるのか、それは遠隔操作が可能なのか等々）、本番の現場での「型にはまった反応」が邪魔をする。つまり、現場では現実的でないような柔軟な行動を要求することになってしまうということです。

米国で実際にあった例を一つ挙げます。カリフォルニア大学ロサンゼルス校の化学研究室で火事が起こり、学生が一人死亡しました。その研究室の教授は責任を問われて有罪になり、刑務所に入ったと聞いています。化学研究室の火事の場合、水をかけるべきなのか、かけないほうがよいのかは、非常に難しいケースバイケースの判断になります。それは化学プラントの場合でも同じです。水をかけるべきか否かは、そこにある化学物質の種類・量、室温によるし、延焼のタイミングにもよる。またたとえばその人が着ている洋服にもよるし、ほかの条件にもよる。この場合は、最終的には水をかけて消し止めました。水をかける前にベテランのポスドク（博士研究員）らが一生懸命に布を巻いたり、服で払ったりして消そうとした。なぜかというと「うかつに水をかけてはいけない」という（ある意味正しい）知識があったからです。それでも結果的には学生が一人亡くなってしまった。危機の対応にはケースバイケースの柔軟性を要求されるのですが、それはパニック時の型にはまった情動反応とは真っ向から抵触するのです。

これでもまだ直感的に納得できないと思われる方のために、妙な喩《たと》えですが、こんな例はどうでしょう。あなたがもし馴れないキッチンに立って、非常に込み入ったフランス料理をなんの練習もなしにいきなり作るとしたら、美味しく作れるでしょうか。しかも非常に特殊な調味料を使わなくてはならず、さらに今までに使ったことのないような強力な火力のガスレンジを使わなくてはいけないとしたら。そういう仮想的な場面に直面したと思ってください。福島第一原発でオペレータが直面した事態は、実にそれに類するものでした。実際問題、正しく危機管理をしようと思ったら、一度も触ったことのないボタンを触らなくてはいけなかったという証言すらあります。もちろん訓練はしていたのでしょうが、訓練自体が役に立たない。というのも危機的状況で正しい操作をするためには、その個人にとっての「優位反応」として獲得されるぐらいに過剰な訓練が必要だからです（優位反応についてくは、2章で説明します）。しかし（すでにお気づきでしょうが）過剰な訓練をして優位反応になるということは、同時に反応が型にはまることにほかなりません。その型にはまった反応パターンが、巨大システムの危機対応において本来求められる多様性や柔軟性とは本質的に矛盾する。だから結局、人間には対応しきれず、危機管理もしきれないのです。

4　原発はなぜ経済的に見えたのか――コストの問題にも「こころ」の問題が絡む

◎電力コストは純粋にカネの問題か

原発の将来を考えるにあたって、これまで無視してきた大きな問題があります。それはカネとこころの問題です。一見これまでこの章で扱ってきた「こころの問題」とは正反対に見えるでしょうが、これを掘り下げる必要があります。その理由はほかでもない、脱原発の論理には大きな弱点があるかもしれないからです。裏返して言えば、「原発は他の電源に比べて経済的」というのが原発に賛成する立場の最強の論点なので、これを「こころとの関係」で掘り下げて分析する必要があるということです。つまり「わかっているが、経済的にやむを得ない」のではなくて、この「経済問題」と言われているものそれ自体が、実は多分に認知のバイアスを孕んだ心理的な問題だということを認識しなくてはなりません。

脱（反）原発の立場はともすれば、口当たりの良い正義、弱者の正義に陥り、思考停止しているのではないか？　原発を推進する立場から、よくそういう反論があります。原発の経済問題はその試金石と言えるでしょう。しかし、ここで言いたいのは以下のことです。つまり純然たるカネの問題に見えるコストにすら、心理的な要因が効いてくるのです。

◎利潤や効率と安全管理は対立する

カネとこころの問題についての第二のポイントとして、利潤や効率と安全管理とは、ほぼ常に対立する。このことを指摘しておきたいと思います。言ってしまえば自明の理ですが、ビジネスに効率がつきまとうのはなにも原発に限りません。しかし原発の安全管理では効率次第で億単位のカネが動きます。たとえば、定期検査時に全制御棒を引き抜かないことは設置許可違反でした。しかし効率のために、隠れてルール破りをすることが常態化していたという元社員の証言があります（朝日新聞特別報道部、二〇一四年）。そもそも原発を（再）稼働させた場合と停止した場合との損得を比較すると、大きな違いを生む。それは「生産した電力の売上げ高 vs. 廃炉の長期コスト」というプラスマイナスだけではありません（それだけでも巨大な差ですが）。それについてはすぐ後で述べるつもりです。いずれにせよ、厳しい経済原理が働くということです。

国会報告書も、東電が厳しい経営状況の中で、コスト削減や原発利用率の向上のために、安全確保の設備投資を先送りしたと指摘しています。「事故当事者の組織的問題」があったとも結論しています。これは氷山の一角にすぎないのでしょうか。

このように純粋にカネの問題に見えるコスト計算にすら、こころの問題が入ってきて、現実のリスクとの乖離を深め、危険を増大させる。それ以前にそもそも、安全管理とは見えないリスクに対してコストをかけて対処することなので、利潤や効率とは原理的に対立します。その対立をここでは、あくまでもこころの問題に注意を向けて分析していきたいのです。

◎やめるにやめられない

鉄道事故や航空事故も似ていますが、ひとたび事が起こったときのダメージの大きさと永続性から見ると、原発は桁外れです。にもかかわらず、動き出してしまうと後戻りがしにくいという点も指摘できます。つまり原発は「やめるにやめられない電力源だ」ということです。カネとこころの問題に関する一つの特徴として、この「やめるにやめられない」点について、少し掘り下げたいと思います。

原発とは、言ってみれば坂道を走り出した自転車のようなものです。稼働を続けた場合と廃炉にした場合とで、経済的なプラスマイナスの落差が大きい。急ブレーキをかけたときのダメージが大きすぎる。国や電力会社が原発を停められない最大の理由は、これなのではないでしょうか。

原発一基が停まり、火力発電に切り替えた場合の燃料費は一日二〜三億円。再稼働しなければ、燃料費の増加分は電力業界全体で年間三兆円と言われています。原発の特性から、停めても稼働中と同じような管理コストがかかり、そのうえにさらに（いずれは発生する）廃炉に関わる膨大な費用がのしかかります。元来、廃炉コストは電気代に含まれていたはずです。しかし先にも見たとおり、基幹たる電力産業が傾いては元も子もないとの論理で、（予想どおり）廃炉は極力先送りされてきました。五〇基の原発を廃炉にするのに三〇年はかかり、その費用は数十兆円、燃料の維持・保管・処分でさらに数十兆円かかると言われています。さらに根本的な問題として、廃棄物処理の問題が（リサイクル技術の破綻もあって）根本的に解決されておらず、（これは再稼働の有無と関係なく）最終的にいくらかかるかの試算さえできないのが実情です。

財務の問題はさらに深刻です。経産省の試算でも、すべて廃炉にすると電力会社一〇社中の四社が債務超過となります（これは少し古い試算ですので、今はもっと状況は悪いと思います）。これには簿記上の事情も絡んでいるようで、廃炉になると突然、原発は「資産」ではなくなります。（リサイクルを前提に）資産とされてきた使用済み燃料棒もお荷物になり、損失計上となる。つまり膨大な黒字が膨大な赤字に転じてしまうのです。だがしかし、電力会社の赤字倒産は、国策上も望ましくない（らしい）。こういう論理は「局所的には」筋の通った解だと言えなくもありません。だから国だ電力会社だと悪者探しをしても、根本的な解決にはならない。むしろこの原発経済の構造全体に無理がある、とりわけ長い時間軸上で見たときに無理があることを指摘しなくてはならないのです。原発に反対すること自体はこの本の目的ではありませんが、「経済的な死活問題が、多少の安全性の瑕疵《かし》をオーヴァーライドする（乗り越える）」。そういう原発を支持する側の最有力な主張に対して、あえて言えば最強の反批判がこれです。

先の「坂道の自転車」は喩えにすぎませんが、この喩えには実はもう一つの射程があります。坂道を転がりだした自転車同様、原発もいったん走りだしたら加速し、後になるほど急停止したときの損失が大きい。つまり再稼働や新規建設を進めるほど、先に述べた差損がさらに拡大するのです。老朽化に伴う安全管理などの費用も、当然かさんできます。そこへ（先の経産省の試算には入っていませんが）使用済み燃料の最終処分の負担ものしかかる。核燃料サイクル計画に望みがない現状では、なおさらです。

というわけで、ますますやめられなくなる。先へ行くほど後戻りしにくくなる構造にもともとなっている。その点にこそ、原発経済の根本的な問題があります。この「やめるにやめられない」「引き返せない」心理的なメカニズムについては次章３節で触れます。

いずれにしても経済は、心理を含むダイナミズムで動きます。現状の安全性コストを機械的に未来に先送りすることは、希望を失わせるだけではなく誤りですらあると考えます。未来のことはその時点で、子孫たちに決めさせればいい。そのためにこそ、後戻りの効かない巨大な負の遺産を残すわけにはいかないのです。

◎仲間意識がコストを変える

最後に（最終章の予告編ということになりますが）、核廃棄物の「たらい回し」問題と「仲間意識」の問題についても、ひとことずつ触れておきたいと思います。

唐突ですが、もし自分の家や子どもの通っている学校の地下に核廃棄物の貯蔵施設があったら、ということを想像してみてください。言うまでもなく危険度の高い高濃度廃棄物です。もしそういう状況が受け入れられないなら（また社会構造もそれを反映するなら）、原発や処理施設の新規立地は（そして継続すら）経済的に困難となる道理です。ただどこまでを「自分の家の周り」「学校を含めた自分たちのコミュニティ」と考えるか、それにもよるでしょう。この「仲間意識」（コミットメント）問題については、4章で説明します。またこの原発事故から何を学ぶか、具体的にどうすればよいのかという点は、最終章でもう一度考えたいと思います。

この章では、原発の安全性に関わるこころの問題を、相当しつこく考えてきました。安全性神話と典型的な「ブラック・スワン」としての原発過酷事故、想像力の限界、危機の場面でのパニックと反応の単純化、そして「カネの問題」の背後に潜むこころの問題、など。そのねらいはこの本の冒頭でも述べたとおり、ここからスタートして「逆応用科学」の流れ（つまり現実社会の入り口→研究室での基礎研究→現実社会への出口という「Uターン経路」）を実現できるのではないか、と考えたからです。原発を稼働させることは、ヒトの多様な認知バイアス（あるいは認知のクセ）にあらがうことです。だから危険なのだ――原発に限定して結論を急ぐならそうなるでしょうが、そこへ至る前に、この「多様な認知バイアス」を基礎研究と結びつけて、もう少し丹念に理解しましょう。そうすることがひとり原発だけでなく、現代社会のとりわけ現代的な諸問題にも、適切な処方箋を書く心理学的（あるいは認知神経科学的）な基礎となるはずだ。あらましそういうねらいを込めています。

今「心理学的な」と述べましたが、関連して確認しておきたいことが二点ほどあります。人々の深層にある認知バイアスが、時には社会制度にも反映され、ひとたび反映されるとその社会制度が認知バイアスをますます強化する。原発の安全神話に、その具体例を典型的に見て取ることができます。だからヒトの本性（認知バイアス）を追いかけて理解するだけではダメで、社会制度との間の「キャッチボール」を丸ごと理解しなければならない。これがまず第一点。これと密接に関連する第二点としては、こうした認知バイアスが、（あらためて言うまでもなく）人々のこころのリアリティを形成するということです。しかしそれだけでは足らず、人々の間で共有され「シェアド・リアリティ」となったときにはじめて、世界の実態的なリアリティにインパクトを与えることになります（たとえば過酷事故の下地になるとか、バブル経済を誘引するとか）。

次章以降では、まさにこの「リアリティ」の形成過程を、しばらく追いかけることになります。

2章 ヒトの認知の本性

——なぜ原発は安全に見えたのか

前章で述べたことを前提に、あらためて問いかけたいのですが、原発は、なぜ安全に見えたのでしょうか。いくつかの要因がありそうです。

(1) ヒトは自分の見たいものしか見（え）ないから、ヒトの想像力には限界があるから
(2) ヒトのこころは型にはまりやすいから
(3) ヒトはなかなか引き返せないから（ちょうど病的賭博者のように、現在の利益を追い求め、未来に負債を作ることには目をつぶってしまうから）
(4) そのうえ、後付けの再構成（辻褄合わせ）のプロセスが働くから

これらがそのまま、この章のメッセージになります。本章ではこれらのメッセージを、基礎研究を引用しながら、紹介していきます。

1　ヒトは見たいものしか見えない——想像力の限界

注意経済か、報酬か

福島第一原発のあの事故が起きるまで、人々には安全でないものが安全に「見えていた」。ごく大雑把にはそう言えると思います。

もちろんマスコミの事後批判を見ると、「東京電力がえげつない安全キャンペーンをやって、われ

われ一般人はそれに騙されていたのだ、あるいは少なくとも安全性にばかり注意が向けられていた」、そういう意見が多いでしょう。しかしそれだけではなく、（前章での考察からも予想されるとおり）「騙された」側にも要因があったのではないでしょうか。

この二つの背反する見方を評価するうえで、どちらが正しいかと判断するときに、両方を信じたいと考える根拠がある。その参考になる話として、（いったん原発から離れて）序章でも少し言及したマーケティングにおける「注意 vs. 報酬」論争を再び取り上げます。

注意経済とは

世の中には広告というものがありますが、広告は注意を引かないと役に立たない。だから目立つCMを作ったりする。マーケティングの世界では、「注意経済」と言います。注意を引いてなんぼだ、注意を引きさえすれば売上げが伸びるという考えが一方ではあります。マーケティングの世界では、「注意経済」と言います。

しかし反対の考えもあります。端的に「ヒトは自分の見たいものしか見ない」という考えです。この対立仮説を「報酬仮説」と呼びましょう。この考えに従うと、広告やCMを打っても、消費者側にもともと（その商品に対する）モティベーションがなければダメ、ということになります。私の共同研究者でもあったドイツのニューロ・マーケティングの専門家によると、ヨーロッパのテレビCMの八〇％以上が（売上げを伸ばすという意味では）失敗しているとのことです。つまりCMを入れたことにより必ず売上げが伸びているわけではない、むしろ伸びないことのほうがずっと多いということです。これをどう理解したらいいいか。CMによってそれなりに注意は喚起されるのだが（もともとのモティベーションがないので）食指が動かない。そういう解釈が穏当でしょう。またそもそもそれ以前に、感覚・知覚レベルですでにフィルターがかかり、差がついている。そういう解釈も有力です（有力なだけでなく、潜在認知レベルにまで顧慮を払った解釈と言えます）。つまり端的に、ヒトは自分が見たいもののしか見ない（見えない）のです。

この報酬仮説も、有力のように思えます。いったいどちらが正しいのでしょうか。両方にそれぞれ理がある、と考える理由があります。これはマーケティングの先端的な問いであると同時に、現代人（消費者や有権者）の「自由」とその制約に関わる本質的な問いです。また「安全神話」の正体を問うという今の文脈で言っても、安全キャンペーンで世論を操作したのではないか、だが騙される側にも「安全性を信じたい」「その証拠だけを見ていたい」という動機が働いていた。そうした社会性のキャッチボールの中で、安全神話が強化されていったのではないか。その過程をリアルに理解するうえで参考になると思うのです。

先を急ぐ前に、「注意経済か、報酬か」の中身をもう少しだけ詳しく見ておきましょう。

「注意経済」の考えによれば、たとえばインターネットのバナー広告において、位置によって値段設定が違います。たいていの国では、左上の1番がもっとも高く設定されます（図2-1）。つまり広告を打とうとして、インターネットのあるページのアクセスの高いホームページの場所を購入するときに、もっとも値段が高い。右下の9番がその次で、6番とか、7番は低い（安い）。なぜそうするかというと、誰でも一番真っ先に注意を向ける、つまり実際に眼球運動を計測すると、そこに視線がいくことが多いのです。したがって広告主も喜んで高い金額を払うことになる。これが注意経済の論理です。少なくとも結果として、潜在レベルでは好感度が増すだろう、と考えるのです。

反面、人は自分の見たいもの（報酬）しか見ない、という側面も確かにあります（これが「報酬」の原則です）。

図２－１　注意経済

インターネットのバナー広告位置

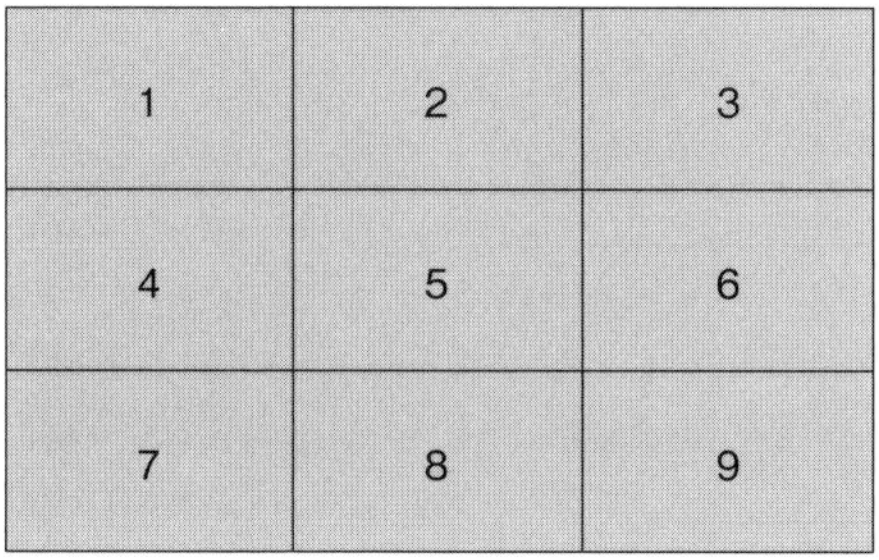

たとえば図２－２の火星の表面の写真、岩が顔に見えてしまいませんか。

また図２－３では、トランペット奏者のわきに女性の顔が隠れていることに突然気付くでしょう。

こうした隠し絵や騙し絵をたくさん見比べてみると、面白いことに気付きます。隠れているのは必ずと言っていいほど、人の顔か、あるいは裸の女性でした。それ以外はほとんど見たことはありません。これはどうしてでしょう。端的に言って、脳は顔にチューニングした器官と言ってもいいほどです。顔を見ること（知覚）による神経の活性化は常に高く、顔や裸など他者＝社会性を含みもつ刺激こそ、脳が探している情報だと言えるのです。

図2-2　火星の「人面岩」

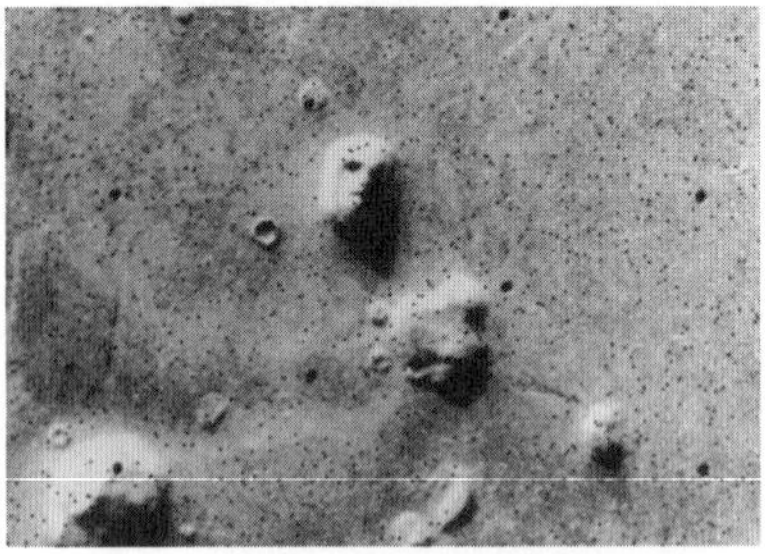

バイキング1号が撮影した火星の地表写真。発表当初，世界をにぎわせた。
（出所）パブリック・ドメイン（Wikimedia Commons）

図2-3　トランペット奏者？　女性の顔？

トランペット奏者のわきに女性の顔が隠れている。

実際、研究によれば、自然風景の中に人がひとりだけ立っている写真を見せると、人の検出はエフォートレスに、つまり努力を要さず、全く情報処理の負荷がかからず検出されます。もともと脳は（社会的な進化の結果として）人の顔や裸のような社会的な刺激を「見たがっている」、そしてそれらの検出に向けて「チューニングされている」と言えるのです。

ただし、「ヒトは見たいものしか見ない」という原則にも、むろん例外はあります。知覚したくない（感じたくない）ものでも、きわめて信号（感覚刺激）が強ければ知覚してしまいます。たとえば図2-4は頭骸骨です。これも人の顔と言えないこともないですが、しかし好ましい顔とは言えない。この場合には、むしろ初見では見つからず、表の図柄（この絵の場合は子どもたち）の背後に隠れていた（抑制されていた）点に、頭骸骨のおどろおどろしさ（見たくなさ）が作用した可能性もあります。

というわけで一筋縄ではいかないのですが、社会性の高いもの＝見たいもの、探したいものに特化して、それを検出しやすいように脳がチューニングされている。そう考えるべき証拠は、動物やヒトの神経科学でもたくさんあります。

結局、注意か報酬か（つまり「注意を引きつけたかどうか」が重要なのか、それとも「見たい」という欲求〔内部の報酬〕がそもそも重要なのか）と言えば、両方とも正しい。そもそも注意が向かないと選ぶ気にはならないが、その注意が向かう準備段階（感覚・知覚レベル）と、いったん注意が向いた後の段階でも、欲求や動機付けのフィルターがかかる。つまり注意と欲求がポジティブ（正）のループをなしてはじめて購買行動を導き、消費者の心理リアリティを形成すると考えられます。そしてこの正のループが先に挙げた「注意経済 vs. 報酬原理（見たいものしか見ない）」の矛盾を解くのです。

（序章でも簡単に触れましたが）知覚意識に上らない短時間のスポット広告が効果を持つという「サブリミナル・カット」についての、最新知見を思い出してください。新しい研究成果によれば、被験者の喉が乾いているときに限

図2－4　頭蓋骨？　子どもたち？

子どもたちの構図の中に頭骸骨が隠れている。
（出所）Universal History Archive / ゲッティイメージズ

って、サブリミナル・カットは実際に効果がある（飲み物をより多く摂取させる）。だからここでもまた「両方が正しい」（注意と欲求（内部の報酬）の両方が効く）ということになります。

このように注意と欲求が正のループをなして、消費者の心理リアリティを形成します。原発の安全神話も、本質は同じではないでしょうか。安全キャンペーンのような注意を片方に向けるような操作と、近隣住人が安全だと信じたいという欲求（内部の報酬）とが、ポジティブなフィードバックをなして互いに促進します。そこに安全神話という強い心理リアリティが生じたという解釈が可能になります。

2 ヒトの行動は「型にはまりやすい」——危機が起きるとどうなるか

◎情動反応と危機管理

1章でも述べたように、危機が起きたときのヒトの情動反応は型にはまるという特徴が指摘されています。

たとえば劇場で火事が起きたときのパニック行動が、よく問題にされてきました。狭いドアしかないのにそこに何十人も殺到して結果的に誰も助からない。パニック状態になると、一般にその動物の「種としての優位反応」が出ると言われています。優位反応が何かという点についてはこれから説明していきますが、ヤツメウナギも人間もゴキブリも闇雲に走る（泳ぐ）。闇雲に逃げるというのが優位反応なのです。

「刺激に対する型にはまった行動」という点については、ニコ・ティンバーゲン（ノーベル賞受賞の動物行動学者）らが、動物行動学研究で指摘しています（ティンバーゲン、一九八二・八三年）。彼らの研究は性行動や攻撃、摂食行動などの例が多いのですが、一つ例を挙げておきます。

イトヨのオスの赤い腹を見ると、メスの性行動が解発される。つまりオスの赤い腹のディスプレーが、メスの性行動のトリガー（解発）刺激（スイッチ）となります。またオスのハトでは、非常に性衝動が強いときにはメスの解発刺激がなくても、同じ型にはまった性行動（たとえば檻の隅に向かう行動）が解発されてしまう。「真空反応」と言われるものです。またある鳥の天敵である鷹の剥製の内部にスピーカーを仕掛け、スピーカーから鳥と同じ種の雛の泣き声が発するのを聞かせる。そうすると母鳥は、（視覚的には）天敵の剥製であるにもかかわらず、それを抱き込んでしまうそうです。つまりこの場合は雛の声が解発刺激になっていて、それに対して身体行動が抵抗できないのです。この最後の二つの例は、刺激によって解発される行動を止めることができず、また型にはまりすぎていて、その場にふさわしくない、つまり不適切であることに特徴があります。

もちろんこの性行動や養育行動とパニック行動は必ずしも同じではありません。ですが極端に型にはまっているという点では共通なのです。この点について研究をしたザイアンスという天才的な社会心理学者がいます。彼のゴキブリを使った実験が秀逸なので、次に紹介します（Zajonc et al., 1969）。

ザイアンスの「ゴキブリレース」実験と「優位反応」

どういう実験かというと、迷路課題でスタートからゴールまで直線的に行く場合に、周りに自分の同類の観衆がいる場合といない場合を比較しました（図2-5）。周りのゴキブリの観衆の臭いや音が走者には伝わらないような、非常に密閉された檻の中に入っていて、ただ走者から「見えるだけ」でした。見えるだけでも、仲間がいるという視覚刺激により、走るスピードが上がり、成績が上がったのです。いわゆる「社会的促進」が起きたわけですが、まあここまでは（ゴキブリでさえ起きたという点を除けば）ある程度予想される結果でしょう。

ところが走路を少しだけ複雑にしてみると（たとえば図2-5右の課題のように二回曲がるようにしてみると）、面白いことが起きました。直線的なコースの場合とは逆に、観衆がいると成績が下がったのです。つまりゴールに到達するまで時間がかかった。何が起きたか観察してみると、壁にぶつかってひっくり返ったり、混乱して右往左往している。観衆がいると「闇雲に走る」のだが、そのせいで、壁にぶつかってひっくり返りやすくなり遅くなった。単純な走路では社会的促進が起こり、複雑な走路では社会的抑制が起きたのです。

この結果を理解するのに、ザイアンスは「優位反応」という概念を用いました。この例はパニックではなく、厳密には「社会的興奮状態」と言えます。社会的興奮状態になると、生物種として特有の優位反応（＝この場合は闇雲に走る反応）がさらに強く起きる、ここがポイントです。それが課題に対

図2-5　ゴキブリの迷路課題

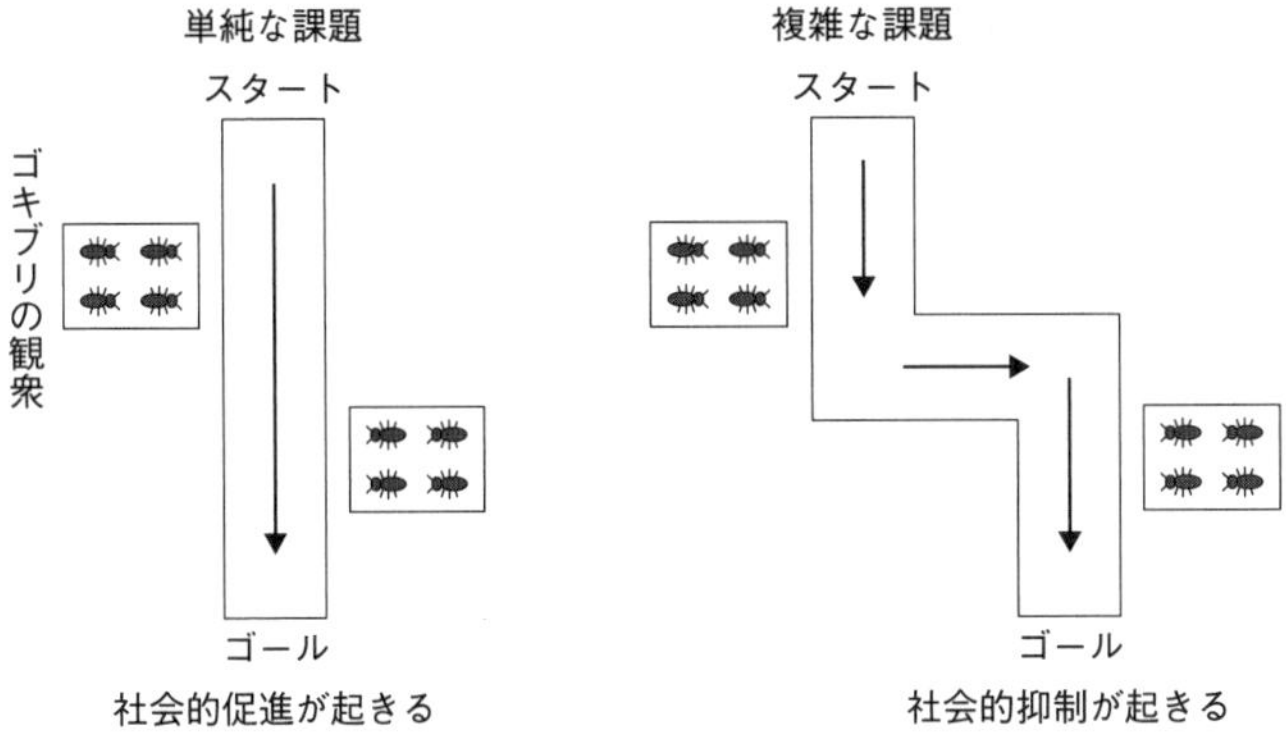

して適切であれば促進につながるし、課題に対してむしろ邪魔をすれば抑制になる。先ほどの劇場での火事の例は、人間の種としての優位反応（＝闇雲に走る反応）が「命を助ける」という当面の緊急課題に対しては、むしろ致命的な邪魔をしたと解釈できます。ゴキブリの複雑な課題のケースと同じですよね。

前回の失敗体験に縛られる

また、「型にはまる」と似た心理的特徴として、「経験に縛られて柔軟性がなくなる」という点も指摘しておきたいと思います。

原発事故以降の対策のおかげで、福島第一原発を襲った類の（質的にも量的にも同じ）津波がまた来たら、原発の事故の被害は今度はすごく軽くなるかもしれません。その意味では政府・東電の言うとおりかもしれない。ただしそれは、「X」がもう一度来たらという話であって、「X′」ではないのです。何かが微妙に違ったら、全然違う結果になるかもしれない。この「何か」というのは原理的に想定外である。あえて考えようと思えば、気象条件が違うとか、複合災害で台風が来ているとか、いろいろありうるでしょう。たまたま国際イベントでものすごくたくさんの人がいるといった、人工的・社会的要因もありえます。

前回の経験にこだわりすぎて、安全対策に柔軟性がなくなることが一番問題なのです。今回はこちらのほうがオーケーだったはずだが、次回はアウトということも、おおいにありうる。前章で触れた化学火災の例では、水をかけたほうが良い場合と悪い場合の線引きは難しい。また（同じく前章で）空気バルブの話をしましたが、今回の経験から空気バルブはどうやら手動のほうがよさそうだ。空気圧で遠隔に操作するやり方は、大災害や火災が起きたときには役に立たない、ということになります。やはり現場に行って手で回すのが、確かに柔軟性がありそうではあります。それはそうなのですが、ではどんな場合でも全部手動にしておけばよいのか。たとえば汚染のレベルが非常に高い場合はどうなるか。内部の蒸気圧が高い場合は、等々。手も足も出ないこともありえます。どんな対策も、いつもいいとは言えないのです。

危機管理の対応は、臨機応変の柔軟な多様性を持たなくてはなりません。ところが前回の体験に縛られて、柔軟性を発揮できない。情動反応やパニック行動は型にはまってパターン化しているので、要求される柔軟性と相容れないのです。前章では「（専門家も含めた）想像力の限界」ということを指摘しました。原発事故を起こし過酷化させたのは、ひとことで括れば「（専門家を含めた）想像力の限界」ではないか、と。その要因に加えて、現場の対応が型にはまって柔軟さを欠いたのではないか、しかもそれはヒトの認知の本性なのではないか。ここではその点を指摘したいのです。

◎重圧がかかる事態ではどうなるのか――チョーク、あるいはイップス現象

原発の危機的状況での現場の対応について、「馴れないフランス料理をいきなり作るようなもの」という喩えを前章で用いました。これに対して、国の命運と住民の命がかかっている重大な事態なのだから、いくらなんでももっと真面目にやるだろう。そう考える向きもあるでしょうが、考えが浅いと言わざるを得ません。むしろ実際には、「国家的危機」という極端な重圧は、悪い方へ作用します。つまり危機的な状況では、プレッシャーが高いほど、適切な行動ができなくなる。それが人間です。そのことに関連して私たち自身の、最近のデータを簡単に紹介したいと思います。

非常に期待が大きい、成功したときの報酬が大きい、あるいは失敗したときの損失が大きい、などという場合にヒトはどうなるかというと、アガってしまい萎縮して、普段できることもできなくなってしまいます。特にスポーツなどの世界で「チョーク」あるいは「イップス」と呼ばれる現象です。四年ごとのオリンピックでしばしば見てきたとおり、日本人選手は特にチョークに陥る傾向が強かったと言えるでしょう。私たちはその神経過程をある程度解明しました（Chib et al., 2012）。ちょっと自慢ぽくなりますが、この論文は『ウォール・ストリート・ジャーナル』が三回も別々の記事で取り上げました。また『ニューヨーク・タイムズ』『ニューズ・ウィーク』でもそれぞれ取り上げられるなど、ビジネスの世界で注目されました。それはなぜかというと、ひとことで言えばこの論文がアメリカの

図2-6　ボーナスのプレッシャーとチョーク現象

チョーク現象＝ビジネス，スポーツなど重大事態で，なぜかベストの遂行ができない現象。
「大きなチャンスには、大きなボーナスを」というビジネス文化に疑問？（『ウォール・ストリート・ジャーナル』）

（出所）Chib et al., 2012.

ビジネス文化の欠陥を指摘した、と受け止められたからです。というのもアメリカでは、大きなビジネスチャンスには、図2-6のイラストのニンジンのように大きなボーナスをぶら下げればビジネスマンのパフォーマンスがよくなると思って、どの会社もそうしている。だがそれはうまくいかないかもしれない、かえってプレッシャーになるのでは、というふうに解釈されたわけです。

さて私たちはどのような実験をしたかというと、図2-7にあるようなスプリングを使い、fMRIスキャナーの中で、「単純だが難しい」運動課題を被験者に与えました。目標に腕を伸ばして指で到達するだけの課題です。喩えて言うと、ダーツのようにターゲットの真ん中をねらっていくだけです。ただ途中に縦横斜めのいろいろな風が吹いていると思ってください。しかもそれが予測できない状態で吹いている。そういう状態で腕伸ばし（目標到達）課題を訓練しますが、各試行に先立ってあらかじめ成功報酬を予告します。たとえば五、一〇、一五ドルぐらいの成功報酬でランダムに訓練していって、あるとき突然一〇〇ドルと予告します。一回の試行で一〇〇ドルといえば大きいですから、被験者も思わず緊張して、か

図 2-7　「単純だが難しい」運動課題の遂行結果

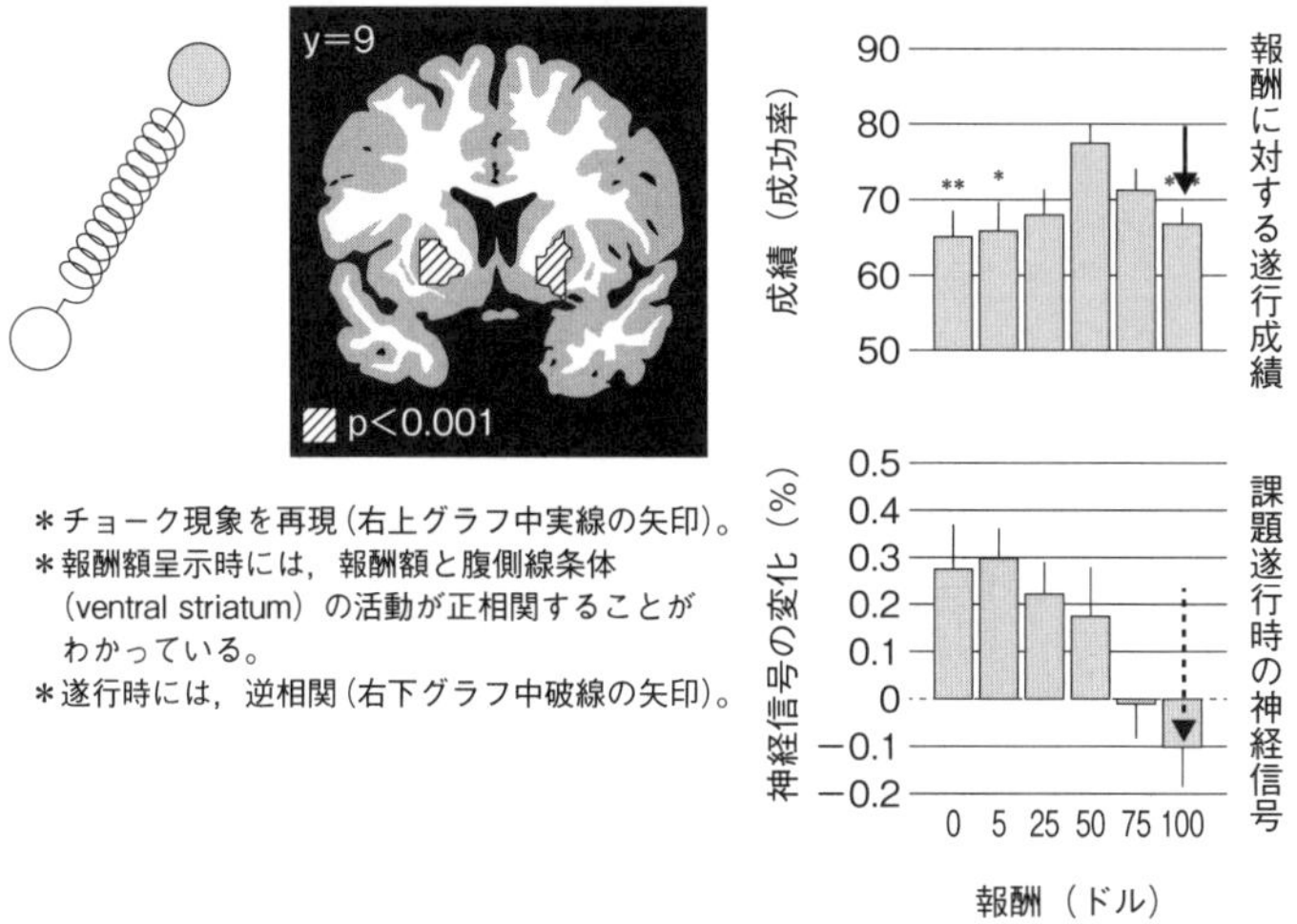

＊チョーク現象を再現（右上グラフ中実線の矢印）。
＊報酬額呈示時には，報酬額と腹側線条体（ventral striatum）の活動が正相関することがわかっている。
＊遂行時には，逆相関（右下グラフ中破線の矢印）。

（出所）Chib et al., 2012.

えってうまくいかないということが実際に起こります。むしろ成績が下がるというチョーク現象にほかなりません。図の右上のグラフに示したとおり、報酬予告額が大きいとき（七五ドル、一〇〇ドル）だけ、逆に成績が下がっているのが見てとれます（なお、実際に七五ドル、一〇〇ドルと支払っていると、私たち実験者側が破産してしまうので、実験後にランダムにくじ引きして選んだ試行だけ、本当に成功していれば支払う、というルールにして、課題のリアリティを保証しています。つまり単なるシミュレーションゲームではなく、本当に遂行成績が被験者の実入りに大きく作用するように工夫されています）。このようにして私たちは実験室で人工的に「チョーク」現象を再現できたのです。

　神経学的な知見に深く立ち入る必要はないかもしれませんが、線条体（striatum）という脳部位（図2－7斜線部分の脳部位）の活動が、報酬予期に対して正に相関する（つまり右上がりになる）ことはすでにわかっていました。ところが今回の実験の報酬予期に対する線条体の活動を見ると、予想どおり報酬が大きいときには大きいという（正相関の）関係にあるのに、課題遂行時に同じ線条体の活動を見ると、報酬が大きいときには逆に下がっていることがわかりました（図2－7の右下の棒グラフ）。報酬系の脳部位が報酬額に対して逆相関しているというのは、これまで知られていなかった現象です。おそらくこのために運動系の脳部位に対する指令信号が弱まり、運動系の活動にもノイズが増え、パフォーマンス（遂行成績）が落ちてしまったのだろうと考えられます。

◯チョークに陥りやすい人とそうでない人

ところで「チョークへの陥りやすさ」には大きな個人差があります（オリンピックで私たちが何度も目撃しているとおり）。この点を理解するために、私たちは「損失回避傾向」というものを独立に計測して、その人の線条体における報酬に対する感度との関係を調べました。そうすると逆相関が見られました。つまり損失回避傾向が強い＝失敗に対する恐れが強い人ほど、脳がうまく働かず、いわば萎縮しているということがわかります（図2－8の上のグラフ）。また行動データを見ても、損失回避傾向が高い人ほど高額報酬の際の遂行成績が実際に低いということもわかりました（図2－8の下のグラフ）。

これらのことから推測されるのは、次のようなこころの動きです。つまりまず損失回避傾向が高い人では、高額報酬を呈示された時点で、損得計算の原点がその値まで上がってしまう。つまり自分や

図2－8　損失回避傾向と線条体における報酬に対する感度との関係

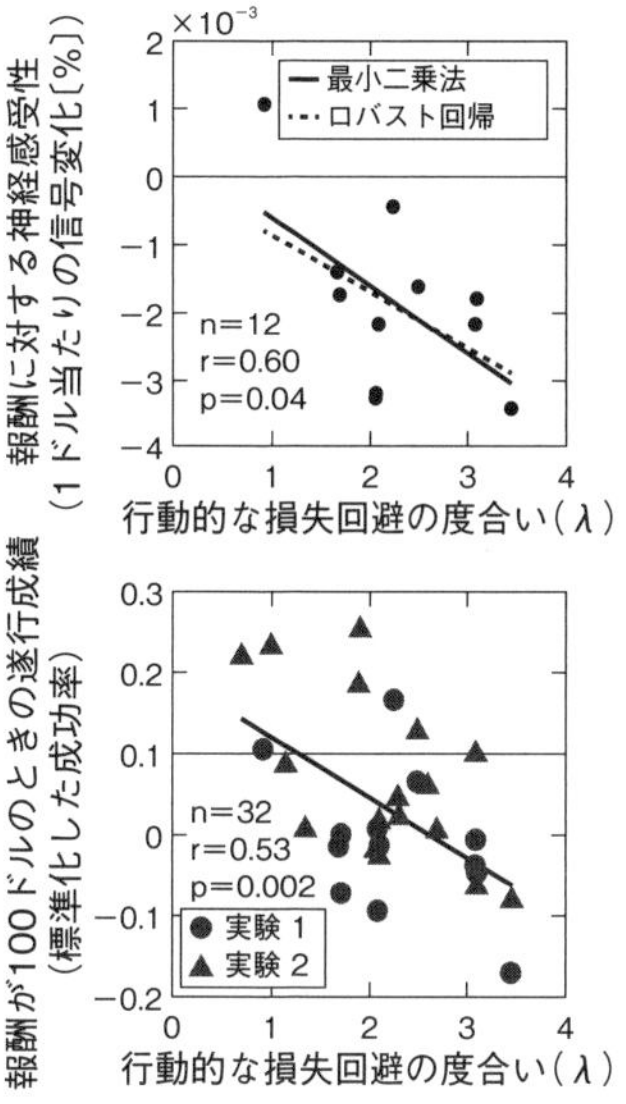

＊上グラフ：独立に測定した「損失回避傾向」が高い人ほど，報酬に対する神経感度が低い（高額報酬に対して神経活動が低下）。

＊下グラフ：「損失回避傾向」が高い人ほど，高額報酬時の遂行成績が低い。

→損失回避傾向が高いと，高額報酬を呈示された時点で，損得計算の原点がその値まで上がり，損失恐怖に襲われる→神経活動，遂行の低下。

チョークは帰結が大きいさまざまな状況で起きうる。

（出所）Chib et al., 2012.

周囲の期待を背負って「できて当たり前」「できなかったら大損（大恥）」というメンタリティになってしまうということです。日本の柔道や体操で金メダル候補と騒がれた選手たちによくこれがあてはまります。選手によっては「金メダル率九〇％」などとマスコミに騒がれる。そのように期待されると（「金メダル以外ではダメ」と）損得計算の基準（ゼロ点）がそこまでいってしまう。その結果、過剰に緊張して（アガって）しまい線条体の活動は低下し、運動系へのノイズも増えて運動機能が落ちてしまうのです。

ここで挙げた実験結果は非常に特殊な例だと思われるかもしれませんが、実際にはチョーク／イップスは、結果の（善し悪しにかかわらず）甚大な、さまざまな状況で起きます。たとえば原発で過酷事故が起きる、安全対応の仕方次第では日本の半分が大ダメージを受けてしまう、というような場合も、先ほどの金メダルの例とは方向性が逆ではありますが、やはりチョーク現象が起き、その神経メカニズムには共通点が大きいと考えられます（この比較自体、次の研究課題ではありますが）。

なおついでに付け加えると、原発事故の危機管理とオリンピックでの「アガリ」という一見何の関係もなさそうな二つの現象を同じまな板に乗せて、組織的に議論できる（違いも含めて）。これが心理学的・神経科学的アプローチの強みです。また「原発事故はなぜ起きるのか」という入り口から入って、より間口の広い（出口も広い）逆応用科学をめざすこの本全体の構想も、まさにこの点に依拠しているのです。

3 ヒトはなかなか引き返せない——未来の損失を正しく予測できない

◎病的賭博とは

賭博に公金まで横領して注ぎ込み大負けした社長とか、競馬にはまって身を滅ぼした芸能人などが、時々新聞の社会面や週刊誌を賑わせます。これまでこれらを病気として扱った報道は非常に少ないのですが、精神医学的にはまだ十分には確立していないものの、精神病理として捉えたほうがいいケースが多いと言います（以下、図の紹介も含めて東京医科歯科大学医学部の高橋英彦教授のご示唆による）。ここで病的賭博に私たちが注意を払うべき理由として、（後で述べるように）原発経済のマクロな構造とそれに対する国民の消極的な容認といった構図が、大きく見て病的賭博の精神病理と似ているということを指摘できます。

病的賭博（pathological gambling）の欧米での有病率は一〜三％と言われていますが、日本での有病率はより高く、女性でも一・四％、男性では九・六％にも上り、患者総数は五〇〇万人規模と言われています。これにはパチンコやスロットゲームの普及が関係しているのかもしれません。実際、パチンコ・スロットゲーム機は国外総数では二五〇万台なのに対し、国内だけで五〇〇万台と言われています。これだけの広がりを見せ、借金から家庭崩壊、横領などの犯罪も後を絶たないにもかかわらず、また公営カジノの動向があちこちで話題に上っているにもかかわらず、適切な対応という点では後手に回っているのが実情のようです。

病的賭博を扱った研究は少なく、薬物療法などの科学的治療法も確立していません。病気として十分認知されておらず、むしろ社会問題として扱われたり、自助グループによる心理学的アプローチがこれまでのところ主流のようです。神経科学的にはドーパミンが関係しているらしく、ドーパミンを促進するドーパミンアゴニストという薬で治療しているパーキンソン病の患者で、病的賭博の割合が増加します（Weintraub et al., 2010）。こうしたパーキンソン病における病的賭博の発症には、線条体でのドーパミン神経伝達の過剰が推定されています（Dagher & Robbins, 2009）。

図2-9　未来を想像する能力とエピソード記憶は類似の神経基盤を持つ

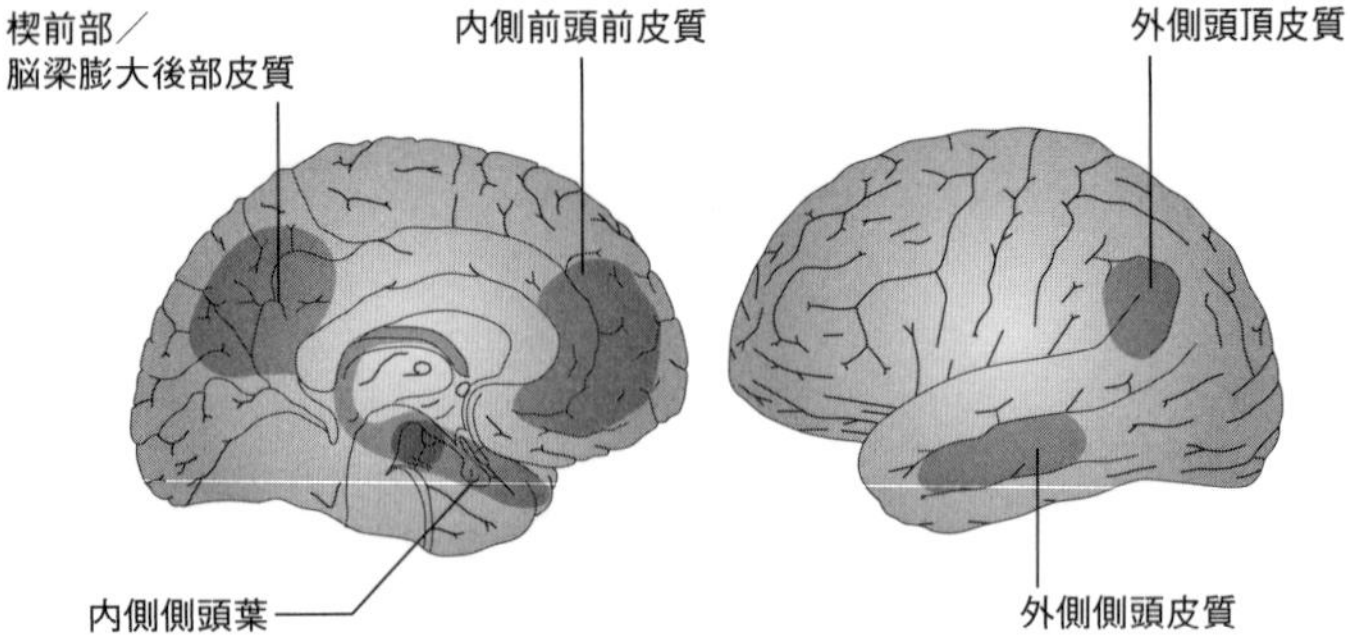

（出所）Schacter et al., 2007.を元に作成。

ギャンブラーの典型的な心性として、彼らは先のことを考えません（ある大きな競馬場から駅までの長い道のりが、「おけら街道」と呼ばれていることを思い出しました。つまり先のことを考えられず、帰りのバス代までスってしまうということでしょう）。これとは逆に未来をありありと描ける人ほど、時間割引率が低下している、つまり将来の損失も（現在の損失と同じように）きちんと見積もることができる。このような未来を正確に予測する能力は、（自己の過去の経験に関する記憶である）エピソード記憶のネットワークと関係しているという研究もあります（Peters & Büchel, 2010）。

実際に、未来を創造する能力とエピソード記憶は、類似の神経基盤を持っています。

一般に記憶とは過去についてのものですが、心理学では（これから何をするかといった予定の記憶である）展望記憶（prospective memory）という未来へのものも考慮します。そしてもちろんこれが未来の行動を、もっとも左右するのです。図2-9はその展望記憶の神経学的な根拠を示したものです

(Schacter et al., 2007)。そしてこれと同じことは、個人の脳だけではなく社会全体のレベルでも言えると思うのです。社会全体の「病的賭博」のようなふるまいは、過去の（損失の）記憶の異常とともに、未来の損失予測の異常をも伴っているはずです。端的に言えば、手ひどい失敗にも学ばず、さらに深みにはまる心性のことです。

「病的賭博」が社会全体に起きている？

ギャンブラー心理、病的賭博と似たようなものが、社会システムのレベルで原発に起きています。前章の坂道の自転車の喩えはここにもあてはめることができそうです。一度走り出すと止まらない、止まると転んでしまうという状況なのです。

初期に引き返せないと、後で引き返すのはもっと難しい。これは病的賭博だけではなく、人生の真理でもあります。このことを心理学的にはどのように理解することができるのか考えてみると、コミットメント（関与）の深さと関係がありそうです。私の個人的な経験として、山道で迷ったときのことを思い出します。迷ったと思って引き返そうかなと思うとき、そこで引き返せたときはたいてい大丈夫。引き返せないと、次にいよいよ迷ったと思ったときに引き返そうと思うのだが、今まで来た道のりを思うと、ついつい先に進んだほうが早いのでは、と思ってしまいます。先ほど引き返せなかった人に、（よりコミットメントを深めた今）引き返せる道理がないのです。そこでこの道を選んだからには、あえてこの目の下の谷を横切って近道で帰るしかない、そうやって突き進んで結局は遭難するということが起きます。ニュースのネタにもなったある社長のケース（ラスベガスのカジノで会社の大金をスって事件になった）などもだいたいそういうことでしょう。最後は子会社から多くのお金を借りてまで、ラスベガスに行った。初期に引き返せないと、後で引き返すのはもっと難しいのです。病的賭博者は「引き返しが苦手」と言えるでしょう。

もう一つ病的賭博の心理要因として「ロス・チェイス」ということが言われています。損失を「確定したくない」心理（「損失回避傾向」と呼ぶ）を指します（van Holst et al., 2012）。たとえば会社のお金を使いこんで何億も損をしたら、その状態ではばれたくない。そこでもっと賭けて取り戻そうとした、とその元社長も実際に証言しています。

病的賭博者は報酬の期待値が高く、損失回避傾向が弱いと言います（van Holst et al., 2012）。これは原発経済に似ていないでしょうか。つまり個人と社会レベルで、似た構図で事が起きているのではないでしょうか。

また、意思決定や情動や報酬に関わる脳部位として、前頭前野腹内側部（vmPFC）、島、腹側線条体（ventral striatum）などが知られていますが、病的賭博者はこうした部位の活動が低下しているという報告が多いのです（Balodis et al., 2012）。ただ逆に亢進しているという報告もあり、論争になっているようです。病的賭博の神経過程は、まだはっきりしていないということでしょう（ロス・チェイスについては、原発問題との関連で、4章でも取り上げます）。

◎時間割引と未来への想像力

行動経済学の領域で「時間割引」という概念があります。たとえば今すぐに九〇〇〇円もらえる方が、来週まで待って一万円もらうよりいい。これは報酬における時間割引の例です。あるいは今すぐに九〇〇〇円の罰金を取られるぐらいなら、来週まで待ってもらって一万円の罰金を科せられる方がまし。こちらは、罰における時間割引の例です。この割引の度合い（比率÷単位期間）を時間割引率と言い、「近視眼化」の客観的指標となります。割引率が大きいほど衝動的・刹那《せつな》的と言えるわけです。また（少し複雑な話になりますが）近い将来の時間割引率（＝せっかち度）が、遠い将来のせっかち度よりも大きい特性を指して「双曲（型）割引」と呼ぶこともあります。つまり「今日と明日の違いは、明日と明後日の違いより大きい」というわけです。

時間割引は健常者でも動物でも見られるから、健常な生物学的機能だと言えます。しかし反面、脳損傷（特に前頭葉・背外側部の損傷）者などではせっかち度が高まって、刹那的な選択をするようになることがわかっています。ギャンブル依存症の場合は、その依存の度合いが重いほどせっかち度も大きくなります。さらに飲酒、薬物、ギャンブルなど、複数の依存症を持つほど衝動性が高まり、時間割引の双曲性は大きくなる（つまり明日が明後日になるのは耐えられても、今もらえるものを明日まで我慢できない）ことがわかっています。

ここまでの説明から予想できると思いますが、この時間割引と（先ほど触れた）未来への想像力との間には、密接な関係があります。つまり未来がビビットに想像できる人ほど、未来への損失や利得を過小評価することが少なく、正当に評価できるのです（Peters & Büchel, 2010）。この部分も、何やら原発経済に似ていませんか。というのも、子孫の生活する未来をビビッドに想像する能力を、現代社会が全体として失ったとすれば、時間割引率も上がる。つまり未来の損失や危険を忘れて「現世利益」に走りがちになると考えられるからです。

個人の脳のメカニズムを社会のふるまいに援用して、どこが問題かを見てとることができるだろうか。また有効な対策のヒントを見出せるだろうか。言うまでもなく、これがこの本の構想の一つでもあります。

原発経済を評して「坂道の自転車」のようなものと、1章から繰り返し述べてきました。坂道を進めば進むほど加速度がついてますます止まれなくなる。転倒したときのダメージも大きくなる。そういうことでした。繰り返しになりますが、時間割引、ロス・チェイスといった点で、脳損傷患者と現代社会全体の「症状」とはともにこの「坂道の自転車」だと思うのです（ロス・チェイスについては、4章でもう一度触れます）。

さて、「ますます止まれなくなる」理由は、病的賭博のようなロス・チェイスや時間割引以外にもあります。この章の後半では、安全神話を強化したと見られるもう一つの心理機制＝「後付け再構成」のメカニズムを見ていきます。

4　ヒトのこころは「後付け」で作られる――「後の祭り」を科学する

ヒトには、記憶を後付けで書き換える非常に強い特性があります。この特性は一つには記憶の整合性を高めるためと考えられます。もう一つ、記憶の有意味性、とりわけ因果的なつながりを整理するため、とも考えられます。そのような利点から、ヒトの脳は後付けで記憶を修正するメカニズムを進化させたと考えられるのです。またこの「後付け再構成」の機能は、時間的に超短期から長期、また神経メカニズムとしても感覚知覚のような低次レベルから情動や高次の記憶・判断に至る、脳のさまざまな機能を支配する強力な基本原理である可能性があります（Shimojo, 2014）。

この最後の点を理解するために、少しだけ脇道になりますが、まずは感覚・知覚の場合から見ていきます。もちろん最終的には、言うまでもなく原発の安全性を含む現代社会の諸問題につながっていきます。たとえば原発の危険性をなぜ正しく予見できなかったのか、という問いに対する心理学的な答えの一つが、ここにあると思うからです。「ブラック・スワンはなぜブラック・スワンなのか」という問いへの答えもこのあたりにありそうです。

◎知覚意識とポストディクション

「ポストディクション（後付け再構成）」というのは、知覚や記憶の内容を後の情報を取り入れて書き換える現象全体を指す（プレディクションからの）造語です。知覚の意識経験に限定して言えば、「（物理的に）より後の刺激によって、より前の刺激の知覚が因果的に影響を受けること」と定義できます（私の定義）。

後付け書き換えでないと知覚現象が説明できないようなものが多くあります。たとえば教科書で「逆向マスキング（抑制）」として示されている現象がそうです。はじめに出された視覚ターゲットが、後で出されたマスク刺激によって隠され見えなくなる現象です（図2‐10右）。この逆の「順向マスキング」（左）は先に呈示したマスキング刺激で後に出したターゲットが見えなくなる現象ですから、因果関係の順序としてなんの不思議もありません。しかし「逆向」の場合はあたかも未来が過去に因果的に影響を与えたように見える、だからまさしく知覚レベルのポストディクションと言えるわけです。ただしもちろん文字通りの意味で物理的な未来が過去に因果的に影響しているわけではなく、神経科学できちんと説明できます（一つだけわかりやすいモデルを挙げると、神経系には遅い伝達経路と速い伝達経路の二通りがあることがわかっていますから、その相互作用で比較的簡単に説明できます——先に出発した鈍行列車が途中で後からきた急行列車に抜かれるのと似た理屈です）。

もう一つ、知覚心理学の教科書に出てくる現象で「仮現運動」というのがありますが、これも後付け再構成の例と言えます（図2‐11）。仮現運動とは、エジソンが発明した映画の原理としてよく引用されるものです（テレビもコマ数／秒が違うだけで、原理的には同じ）。二つ以上の（場所の違う）静止画の高速呈示によって、連続的な運動として知覚される現象です。なかでも「色覚ファイ現象」では、（た

図2-10　知覚意識とポストディクション

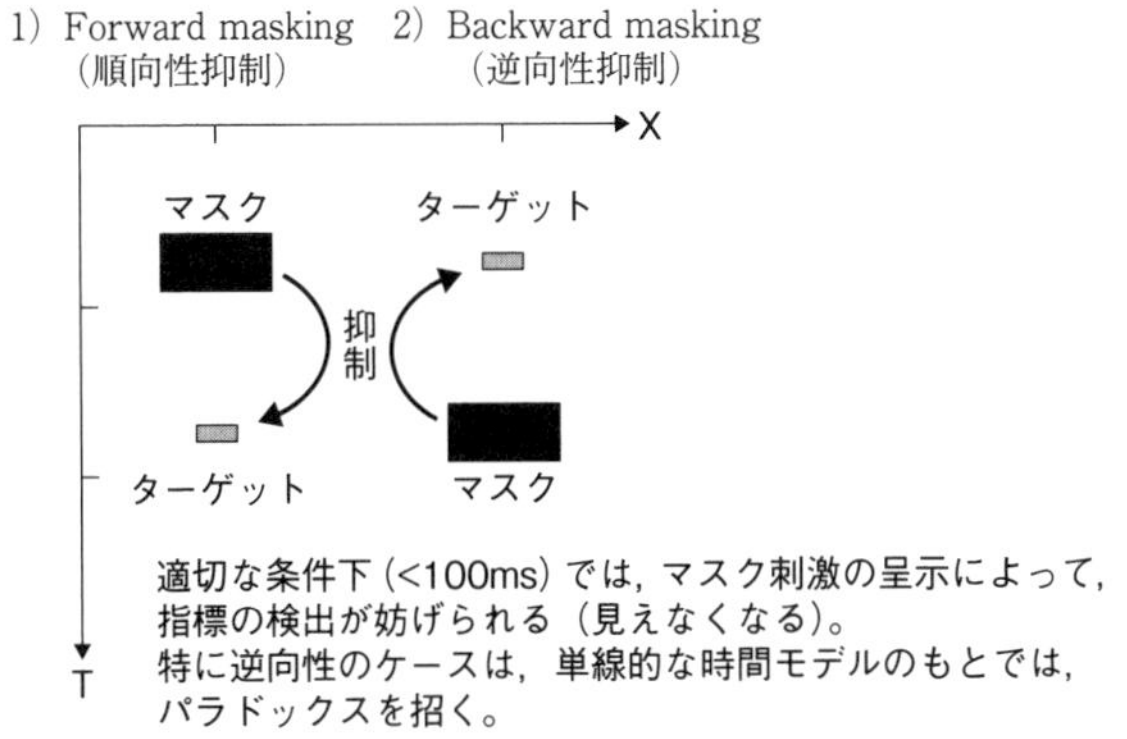
1) Forward masking
（順向性抑制）
2) Backward masking
（逆向性抑制）
X
マスク
ターゲット
抑制
ターゲット
マスク
T
適切な条件下（<100ms）では，マスク刺激の呈示によって，
指標の検出が妨げられる（見えなくなる）。
特に逆向性のケースは，単線的な時間モデルのもとでは，
パラドックスを招く。

もっと低次の感覚／知覚レベルでも，後付け再構成は起きている。

とえば）緑のターゲットを瞬間呈示して、すぐにぽんと赤のターゲットを違う場所に呈示すると、それがつながって動いたものとして知覚されます。そのときに色はスムーズに変わるのではなく、なぜか（実在しないが体験としては見える）運動軌道の真ん中で突然緑から赤に変わって見えます（図2-11中段）。ところが同じことを形でやると（たとえば、縦長の棒→丸：図2-11の下段）、図形がスムーズに変化して見えます（Kolers & von Grünau, 1976）。これは視覚に限ったことではなく、「触覚ラビット」（同じ時間間隔で、皮膚上の一点を二回刺激してから別の一点を刺激すると、二点目の位置が三点目に引きずられ、うさぎのように連続ジャンプして知覚される現象）（Geldard & Sherrick, 1972）や多感覚（たとえば視-聴覚）統合でも似たようなポストディクションの例があります（私たち自身の研究：Li et al., 2016; Shimojo et al., 2016）。ここで肝心な点は、図形（ターゲット）が右に飛ぶのか左に飛ぶのか全くランダムで予測ができない

図2－11　仮現運動のファイ（Phi）現象

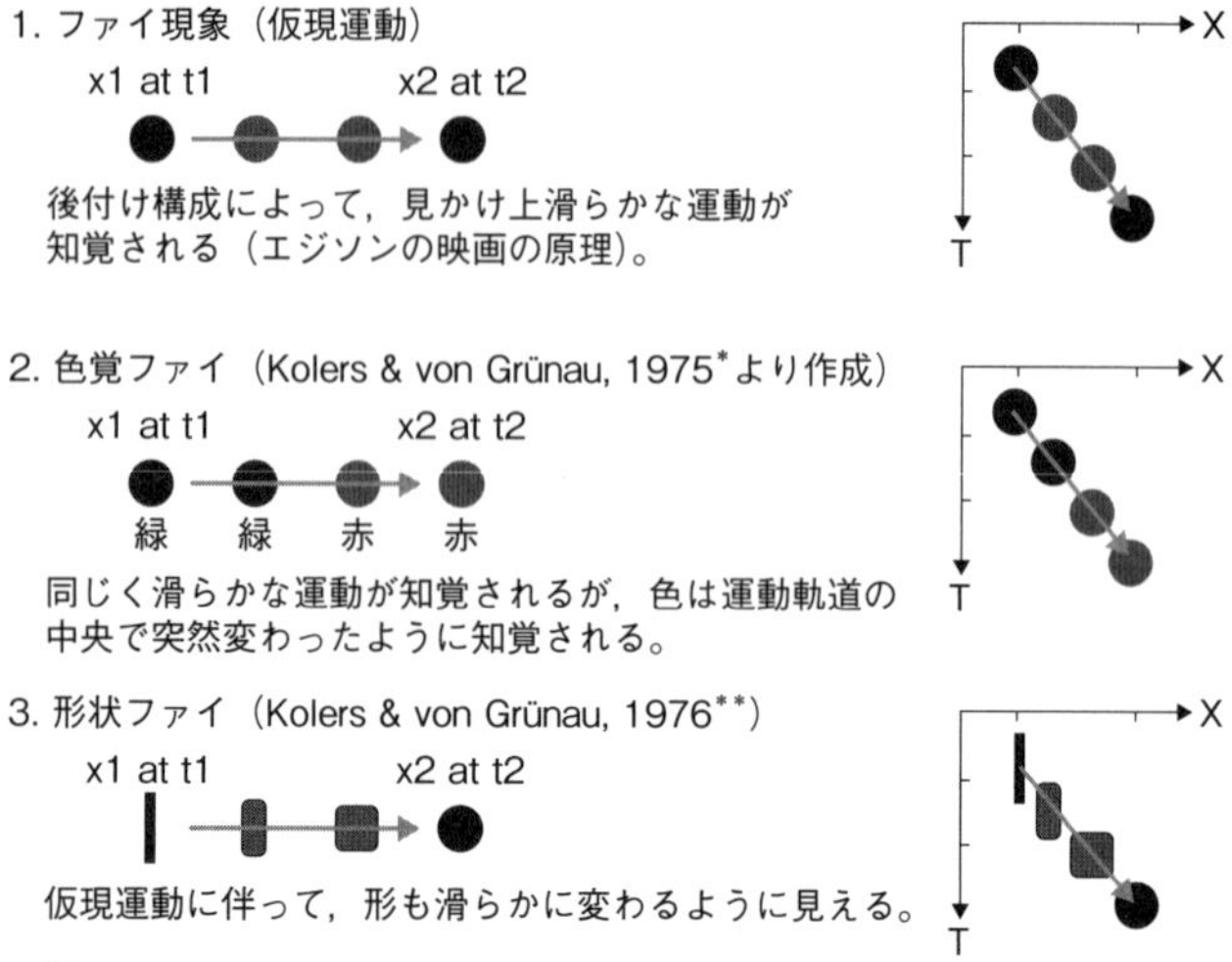
1. ファイ現象（仮現運動）
x1 at t1
x2 at t2
後付け構成によって，見かけ上滑らかな運動が
知覚される（エジソンの映画の原理）。
X
T
2. 色覚ファイ（Kolers & von Grünau, 1975*より作成）
x1 at t1
x2 at t2
緑　緑　赤　赤
同じく滑らかな運動が知覚されるが，色は運動軌道の
中央で突然変わったように知覚される。
X
T
3. 形状ファイ（Kolers & von Grünau, 1976**）
x1 at t1
x2 at t2
仮現運動に伴って，形も滑らかに変わるように見える。
X
T

*Reprinted with permission from AAAS.
**Copyright © (2019), with permission Elsevier.

場合でも、同じようにスムーズな移動・変化として知覚されることです。つまりここでの知覚の意識経験は脳のプレディクション（予測）の働きではなくて、むしろポストディクション（後付け再構成）の働きによる、ということです。

　ここでの趣旨との関係で重要なのは、次の問いです。このようなポストディクティブな過程は知覚に限定される特徴なのか、それとも認知や記憶、意思決定や判断、行為や情動経験など、低次～高次（短期～長期）にまたがる脳の機能の全般的な原理なのでしょうか。

　実際のところ、このような後付け再構成の証拠は、より長期の記憶に関する認知心理学や社会心理学の研究ですでに明らかにされています。（詳しくは述べませんが、情動経験の「二要因説」、原因帰属、選択正当化などをキーワードとして挙げることができます（下條、一九九六年）。ここでは知覚のような超短期（数十ミリ秒のオーダー）からより長期の認知をつなぐ好例として、私たち自身の次のような実験例を紹介しましょう。

　私たちの実験は、図2-12で示したような手続きで行いました（Sheth & Shimojo, 2000）。まず視野の周辺に小さいターゲットが出てきて横に動いて消えます（図中の黒太矢印：呈示時間は〇・五ミリ秒ぐらい）。消えた後で、最初に出現した位置、あるいは最後に消えた位置を、カーソルを動かしてクリックで報告してもらう。それだけの課題です。ターゲットが消えた後、高いトーンが聞こえたら最初の位置を報告し、低いトーンが聞こえたら最後の位置を報告するという要領です。これを繰り返すので、被験者はすぐに馴れて課題は簡単になります。見たものをすぐそのまま（一秒内外の遅れで）報告するのですから、超短期の知覚記憶と考えていいでしょう。

図2-12　知覚による記憶の更新（視覚刺激）

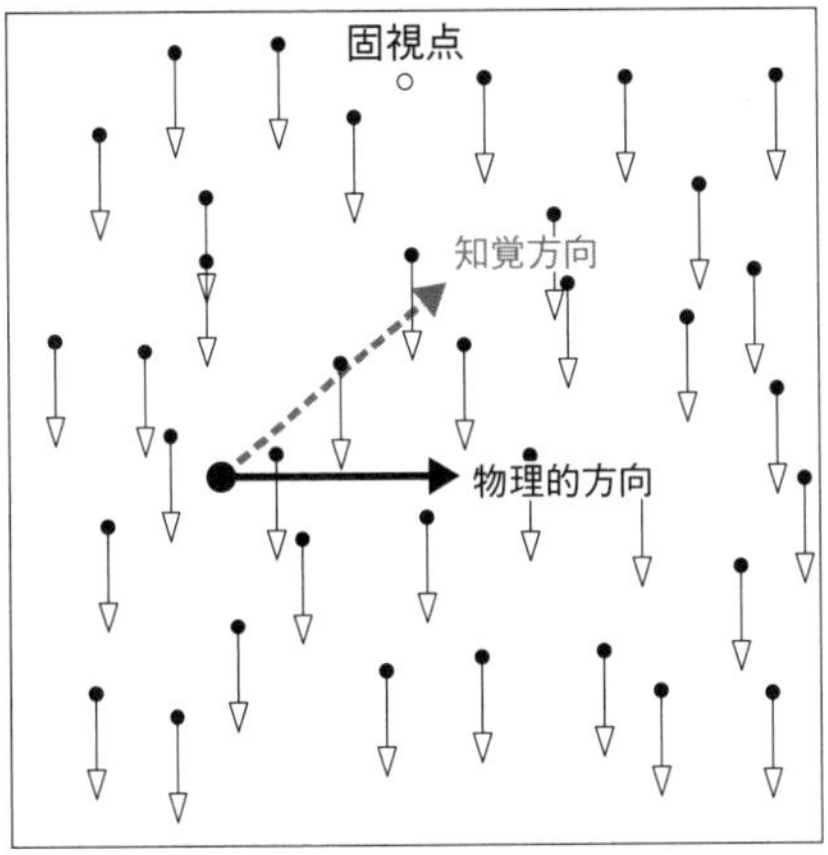

ターゲットは水平に動くが，周辺刺激の動きの影響で（ドゥンカー錯視，あるいは相対運動），斜め方向に動いているように知覚される。被験者は固視点を注視しながら，視標の最初あるいは最後の位置をカーソルを動かすことで示した。

（出所）Sheth & Shimojo, 2000. copyright © 2019 by Sheth and Shimojo. Reprinted by Permission of SAGE Publications, Ltd.

　この実験には、一つだけトリックが仕掛けてあります。すでに述べたとおりターゲットは水平に動くのですが、背景にランダムなドットパターンがあって、これが全体に下に（または）上に動き続けています。背景が下に動いているときには、ドゥンカー錯視といって、ターゲットが破線矢印で示した斜め上の方向に（逆に背景が上に動いているときは斜め下の方向に）動いているように知覚されます。

そういうイリュージョンが起きていると、最初の点の位置の記憶はどうなるか。辻褄合わせが起きるのでしょうか。というのも、最後の位置に関しては運動方向にイリュージョンが起きても（今消えたばかりなので）かなり正確に指定できます。消えた瞬間にそこにカーソルを持っていきクリックするだけですから。、これは当たり前です。問題は最初の位置の記憶です。（図２－13に示したように）最後の消えた位置情報(1)と「右上に上がっていった」という（錯視の）知覚(2)が強いとすると、（それと辻褄を合わせるために）最初に現れた位置の記憶を下に押し下げるバイアスが起きないか。これが私たちの問いであり、結果も実際、それを支持するものでした。つまり脳は、無意識のうちに最後の位置と軌道の傾き（という強い手がかり）を計算に入れて、それらと整合性があるように最初の位置の記憶を調整(3)していたのです。

ほとんど一秒くらい前の記憶で、聞かれることもわかっているのだから、単にその位置を覚えておけばエラーは起きないはず、と思われるでしょう。辻褄を合わせるようにという教示もいっさいしていません。それでもなお、こういう辻褄合わせが起きるのです。被験者にはもちろん、そういうことをしているという意識はないし、さまざまな統制実験から、このような「後付け」の辻褄合わせは自動的で不可避であることがわかりました。たとえば「こういうイリュージョンが起きるから気をつけ

図 2－13　知覚による記憶の更新（錯視とそのメカニズム）

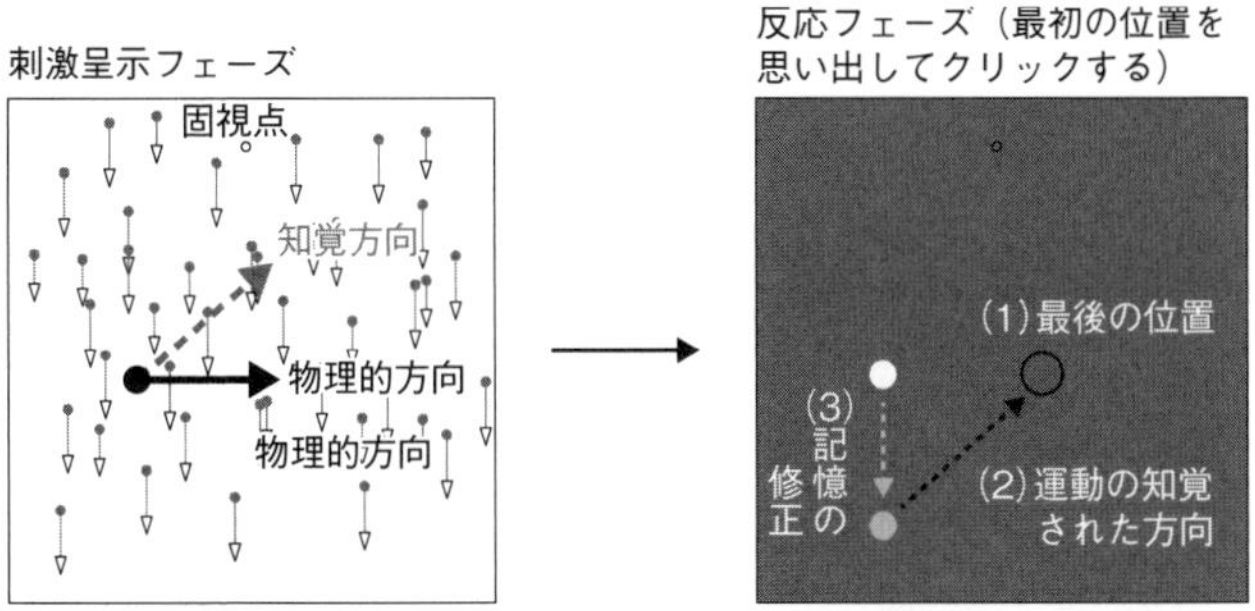

(1) 最後の位置と (2) 運動の知覚された方向（この場合は，斜め上方向），その両方と矛盾なく整合するためには，最初の位置の記憶を（無意識裡に）変える（この場合は下方にずらす）以外にはない。このようなきわめて単純な神経レベルでも，最初の位置の記憶表象は，時々刻々入ってくる知覚入力と相互作用し，アップデートされる。

（出所）Sheth & Shimojo, 2000. copyright © 2019 by Sheth and Shimojo. Reprinted by Permission of SAGE Publications, Ltd.

なさい」とはっきり教示した場合ですら、こうした辻褄合わせによるずれが生じることがわかりました。つまり意識レベルの、高次の認知的推論ではなく、自動的に強制的に起きている無意識のメカニズムによるのです。

結局私たちの記憶は、時々刻々入ってくる感覚入力と比べられ、それと整合するように絶え間なく書き換えられている。これが結論です。そしてこの事実は、こういう特殊なイリュージョンの場合だけでなく、日常生活でも起きているのです。

ここで示したような数百ミリ秒の世界から、（後でまた触れますが）ニクソン訪中のような（調査が行われた時点で数週間前の）長期記憶の次元まで、後付け再構成は常に起きていることがわかっています。私たちの住む世界は、後付け再構成の渦と言うしかないのです。

時間スケールによって神経科学的なメカニズム

が違うのに、脳が整合性を求めて記憶を再構成するのはなぜか。その理由の一つは、脳にとって情報の圧縮が必要だからと考えられます。

タレブが言っているとおり、人間は過去に学ぶ存在で、未来が基本的に苦手なのだということです。あるいは不確実性が苦手で、無理にでもわかりやすい整合性を求めるとも言えるでしょう。

次に、より高次の認知レベルで、長期記憶におけるポストディクションの例を挙げます。

◯スポーツ選手の第六感？

よくスポーツ選手は「第六感」が働くと言います。たとえばホームランを打った野球選手が「今日は朝から大活躍の予感があった」とか、大怪我した選手が「試合前から何かおかしかった」とか。これらは本当に神秘的な予感なのでしょうか、それともなんらかの「後付け再構成」の結果なのでしょうか。ここで紹介するのは、高校と大学のスポーツ選手に対し私たちが行った調査研究の例です（門田ほか、二〇〇九年）。競技種目は高校・大学のバレーボール、サッカー、バスケットボール、そして剣道でした。試合の前日あるいは当日の起床時に、選手に今日の試合で活躍できるかどうかを7件法で評価してもらいました（プレディクションの質問）。ほかにも、体調がよいかとか、チームワークの状態はどうかとか、監督・コーチとの相性はとか、さまざまな質問に混ぜてこの質問をしたのです。

試合直後にも似たようなアンケートを配りましたが、やはりいろいろある項目の中に、同じ質問が時制を変えて入れてあります。つまり「今朝の時点であなたは、今日の試合で活躍できると思ってい

図２‐14　書き換えの方向は勝敗によってバイアスされる

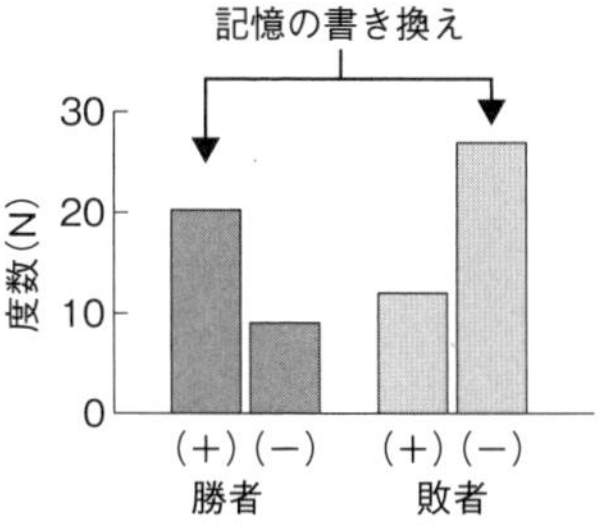

	変化 (＋)	変化 (−)	合計
勝者	20	9	29
敗者	12	27	39
合計	32	36	68

X^2＝8.267,　P＝0.004

＊勝者は試合前の予測値を過大評価
＊敗者は過小評価

（出所）門田ほか，2009.

たか」と（「プレディクションのポストディクション」の質問）。つまり、試合前には「活躍の度合いを予測する質問」を、試合後には「その（試合前の時点での）予測を試合後に思い出して再現する質問」を、他の質問に混ぜて行ったのです。

結果としてまず、事前の生理指標やその他の質問指標で、その選手の実際の活躍度合い（パフォーマンス）と有意に相関するものは一つもありませんでした。また選手自身の競技力の優劣も、予測力とは関係ありませんでした。試合前のパフォーマンスに対する予測は基本的にきわめて低く、これ自体も驚きの結果でした。しかしここでの関心は、後付け再構成による「記憶の書き換え」が起きたか、という点です。結果として、全体の四〇％の選手で書き換えが起きていました。二四時間前の質問にどう答えたか、思い起こしてもらっているだけですから、これは驚くべき結果でした。さらに書き換えの方向は、試合の勝敗にも関係していました（図２‐14）。

勝った選手は、朝の時点での予測をいい方に書き換えていました（「今日は朝から大活躍できそうな気がしていた」など）。反対に負けた選手は、朝の時点での予測を悪い方に書き換えていました（たとえば「朝からどうも悪い予感はしていた」など）。

歴史を改ざんするようなことが、個人の中で常に起こっていたわけです。さまざまな心理要因の因果関係を統計的手法で解析してみると、意外なことがわかりました。まず事前質問の予測力で見ると、意外な点はありません。予想通りで、心理的・身体的コンディションと社会的コンディション（チームワークなど）が、試合の結果予測を決め、今度はそれが「活躍の予感」と「勝利に対する自信」を決めていることがわかりました。ところが事後の後付け再構成によって、こういう因果関係（因果的寄与）が大きく変わります。事後の質問紙の結果を解析したところ、むしろ試合結果が大きな原因となって、予測の変化量（＝後付け再構成の度合い）を強く決めていました。つまり試合結果が予測の回顧的記憶を歪めている、ということです。これは後付け再構成にほかなりません。しかも選手たちはそういう自覚なしに回顧的記憶の辻褄合わせをしていたのです。

この研究の結論として、選手たちの「予知的体験」は、記憶の後付け再構成、特に後付けの原因帰属から生じた、ということができます。複雑な競技における、予測手がかりの曖昧さが、こういう原因の後付け誤帰属をもたらしたかもしれません。そのうえ（原発事故もある程度そうなのですが）、活躍あるいは失敗の本当の原因は後になっても誰にも実はわからない（もう一度試してみるわけにもいかないですし）。そういう実世界の事情も作用しているでしょう。

○ハインドサイト――歴史事情、知覚

人間は知覚レベルのことから、歴史的事象の認識に至るまで、直前の過去の出来事を自分の都合のいいように辻褄合わせをして記憶している。ここまではそういう話で、数百ミリ秒以内の知覚の話から、直前の知覚記憶、勝敗の予測（プレディクション）に関する一日以内の記憶書き換え（ポストディクション）まで事例を挙げてきました。さらに、より長いスパンの記憶の書き換えは、実は、より起きやすいということがわかっています。ここでも再び、結果を見ている場合は、その結果が（今後も）より起きやすいと知覚するのです。また結果が悪いと、それをもたらした判断（意思決定）や判断者を過剰に否定的に見がち、ということがわかっています（これが原発安全管理の今後を見通すうえで役に立つことは、おわかりでしょう）。

ニクソン訪中（一九七二年）にタイミングを合わせた、有名な社会科学の調査があります。一群の被験者（大学生）にはまず、ニクソン訪中の最中に、米中国交回復の可能性がどれくらいあるかを聞きました。ニクソン訪中は（年配の読者は記憶されていると思いますが）歴史上のサプライズであり、（専門家も含め）誰もそんなことが起きると思っていなかったし、その後の国交正常化の展開もあの時点ではほとんど予測できなかった。実際に学生で予測できたのは、全体の一〇％くらいだったのです。さてここからが面白いわけですが、実際に国交正常化が起きた後で「あのときあなたはどう思ったか」「ニクソン訪中の際に、近々国交正常化が起きると思っていたか」と尋ねた場合、過半数が「あのと

きそういう予感がした」と答えたのです。被験者は嘘をついていたわけではなく、心底そう記憶していたのです。これが歴史的なスケールでのポストディクション、後付けで歴史的な事件の記憶さえも変えているということの、一つの証左です。

別の（ちょっとスキャンダラスな）例として、地震予知があります。地震予知について日本は、政府の国家予算を大量に使ってきました。いかにも見込みがありそうだったからでしょうが、結果だけ大雑把に言うと、すべて空振りに終わり、地震学会＝専門家集団ですら「現時点で予知は不可能」と認め、大地震の直前に始まる予震を捉える方向に転換しました。地震の予知研究は世界各国で試みられていますが、ほぼすべて統計学的には否定的な結果となっています（唯一中国で肯定的なレポートがありますが、これも細部には疑問の余地があるということです）。

この経緯の中で「いかにも見込みがありそうだった」という部分に、（後付け再構成との関連で）注目したいわけです。この見込みというのは「そういえば池のナマズが騒いでいた」「犬が吠えた」「前の日の夕焼けが異様に赤かった」などといったエピソード情報に基づいています。そういうエピソードを「いつ」採集したかが実は問題で、必ず大地震が起きた後で採集しているわけです。つまり大地震が起きたことを知ってから後付けで「そういえば」池のナマズが騒いでいた、というわけです。先に池のナマズが騒いでいてそれを日記につけてから、その日か翌朝のうちに大地震や大火災が起きたことも、あったかもしれない。しかし、そういうデータの取り方はしていないのです。実際、大地震が起きる前の朝にそういうエピソードを採集していれば（これならプレディクションの予測精度と言えますので）一番いいのでしょうが、もちろん実際にはいつ起きるかわかりませんので、採集は困難です。こういうサンプリングのバイアスがかかっているので、気をつけなくてはなりません。「そういえば」というのが曲者で、要は全部後付けなのです。だから額面通りには受け取れないし、本当に予測精度を検証すれば否定的に出てくるわけです。ただ後付けで納得するヒトの習性を、この地震予知の話はいかんなく示していると考えられます。ブラック・スワンの定義の第三点として（1章で）指摘したのは「後で見ると、当然予測できたように感じられる」という点だったことを思い出してください。

この流れで、カリフォルニア工科大学での私たちの研究を簡単に紹介します。私たちは神経経済学のパイオニアであるコリン・カマラー教授らとの共同研究で、後付け再構成の社会的な場面での影響を調べたいと考えました。というのも実社会のさまざまな場面で、後付け再構成によってネガティブな影響があると考えられるからです。社会科学では伝統的にポストディクションではなくて「ハインドサイト（振り返り）」と呼ばれます。

ハインドサイト自体は個人にも起きますが、グループの間のときに増幅され、さらに誇張されることがあります。実社会で非常に問題となるのは、振り返りで判断するときに偏った判断しかできなくなることです。具体例として、医者が誤診をして患者が死んだというような医療過誤のケースで、時として医師が不当に、過剰に非難される場面があります。「今にしてみればこんなはっきりした症状が出ていたのになぜ正しい診断ができなかったのか」と。しかしそれは「誤診の結果患者が亡くなった」という結末を知っているからそう見えるのであって、医者が実際に診察した場面では、不十分な

図2－15　知覚的なプライミング

（出所）左：パブリック・ドメイン（Wikimedia Commons）
右：Gregory, 1970.（Photo by R. C. James）

手がかりのもとで名医でも迷う曖昧性があった、ということも多いのです。そもそも医療訴訟は定義上、後付け再構成であることを免れないのです。

まずは研究の前提として、私たちが材料として利用したのは、知覚的なプライミングあるいは来歴効果と呼ばれる現象です。図2－15の左図はFedExの商標マークですが、一度白い矢印（EとXの間）を見てしまうと二度と無視できなく（消えなく）なります。また右図は有名な視覚研究者ベラ・ユレスのデモですが、白黒の風景の中に犬（ダルメシアン）が隠れています。これも最初は見えませんが、一度見えてしまうと、強いて注意を逸らそうとしてもダルメシアンを消し去ることはできません。つまり、まずは個人の中で、来歴効果、つまり過去の経験が今の知覚を変える効果があるわけです。ここからさらに進むと、自分自身のこうした経験が、他人の知覚についての予測や評価を変えてしまう恐れはないでしょうか。

図2－16　実験の流れ

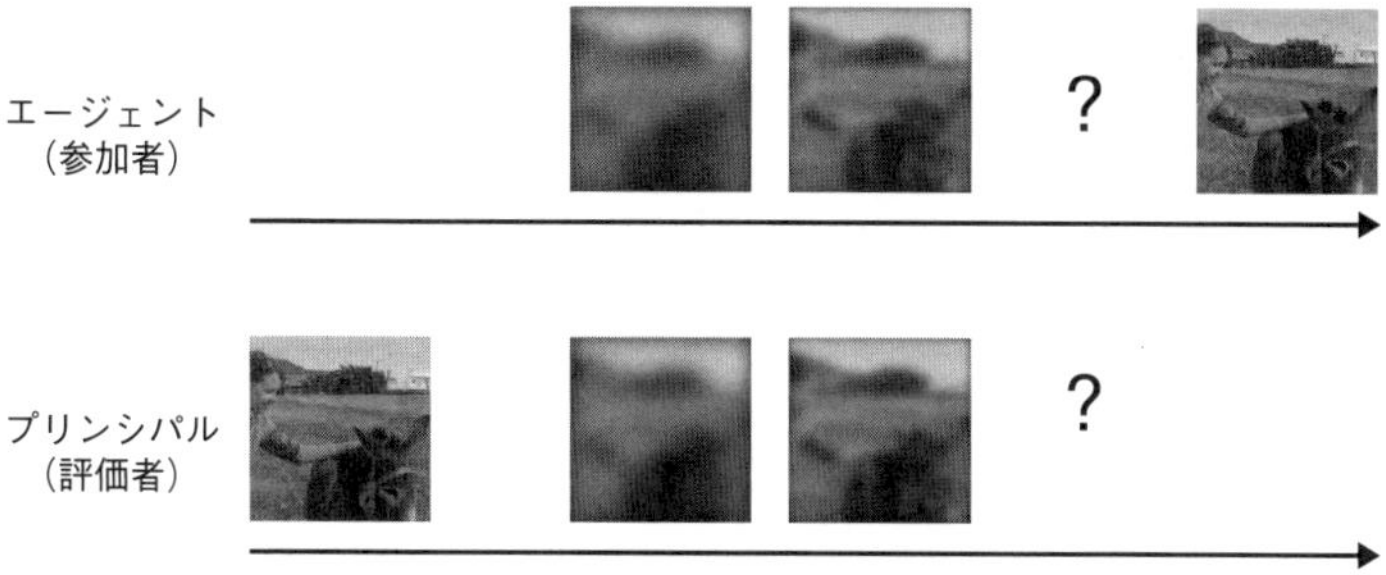

（出所）Wu et al., 2012. copyright © 2019 by Wu, Shimojo and Wang. Reprinted by Permission of SAGE Publications, Ltd.

◎対人間の視覚ハインドサイト課題

人同士の間でこうしたハインドサイト（後付け再構成）が起きるのか、起きるとしたらどういう要因で起きるのか。それを知るために、私たちは次のような実験を行いました。実験ではまず、非常にぼやけた写真を見せて、それをだんだんクリアしていきます（図2－16）。「この中に人はいますか、判断できたらすぐにボタンを押して示してください」という課題を被験者に与えました。だんだん焦点が合ってぼやけがクリアになっていき、そのどこかで「人がいる・いない」と判断できたら即答する。それだけの課題です。

被験者の中にはプリンシパル（評価者）とエージェント（参加者）の二つの役割がありました。エージェントは答えを知らないでこの課題をやります。一方プリンシパル（別グループの被験者）は最初にクリアな写真を見て正解を知っています。その後でもって、エージェントはどのへんで応答できると思うかと、一枚一枚見て評価をしてもらったのです。

図２−17　視覚ハインドサイト課題

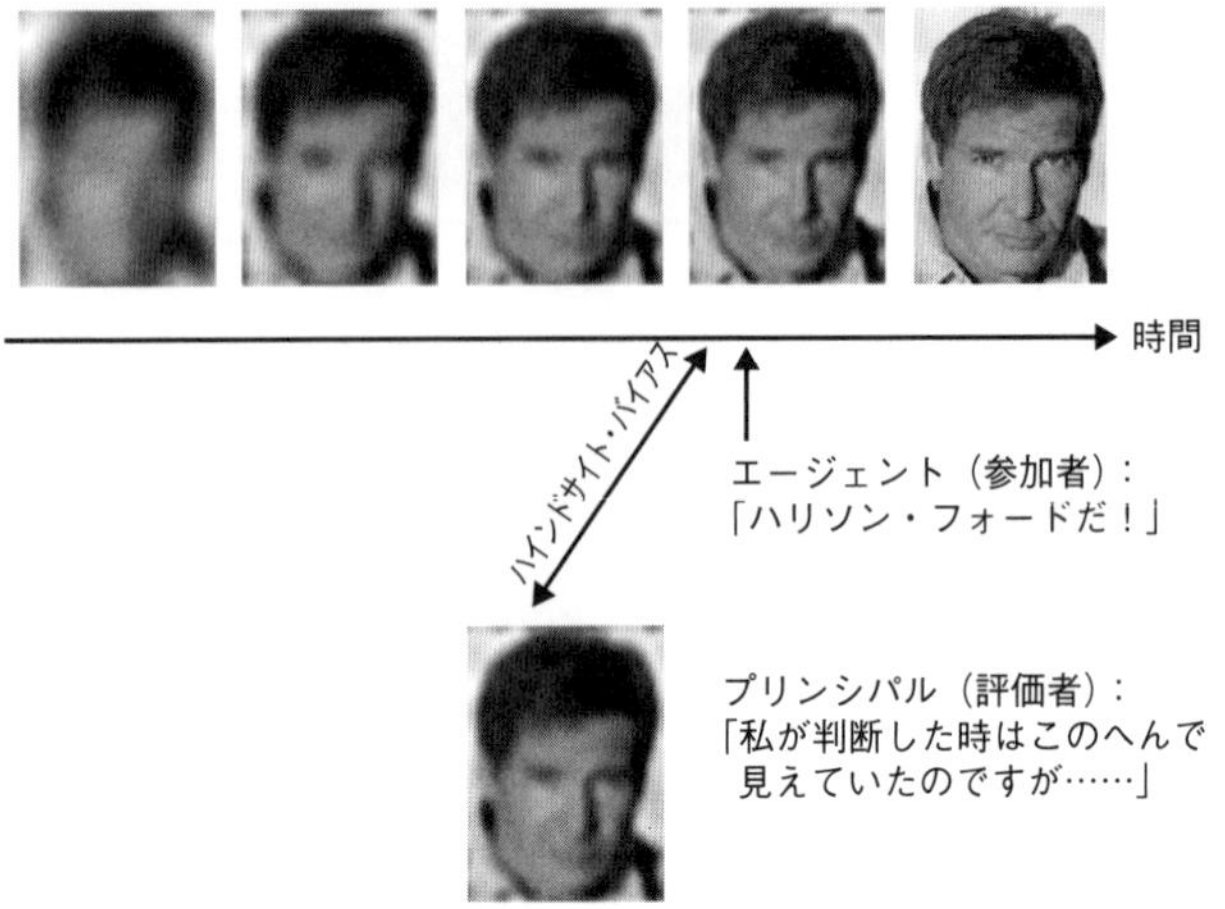
時間
ハインドサイト・バイアス
エージェント（参加者）：
「ハリソン・フォードだ！」
プリンシパル（評価者）：
「私が判断した時はこのへんで
見えていたのですが……」

（出所）Harley et al., 2004. を元に作成。

答えをあらかじめ知っているため、実際にできるよりもずっと手前で（つまり、まだずっとぼやけているのに）、これでできなかったらちょっとおかしい、と評価しがちになります（俳優の写真を使った図２‐17のような研究もあります）。この判断のずれが実験の主な結果であり、グループ間・個人間でのハインドサイトにほかなりません。

図２‐18の写真も同じ実験の刺激例ですが、左の写真だけでは、人がいるかいないか、ちょっとわかりません。クリスマスツリーでさえ、それとわかるかどうか微妙です。しかし右の写真ぐらいピントが合えば、ツリーの手前に人の横顔があるとすぐにわかります。さてそれを見た（知った）後で、中間ぐらいのぼかしの入った写真を示して「これをはじめて見る人の何パーセントぐらいが、正しく人がいると判断できるか？」と訊いてみる。すると（自分はできなかったくせに）たいていの人

図２－18　インターパーソナル・ハインドサイト →バイアスの「治癒」に向けて

＊エージェントの眼球運動のパターンを見せると，ハインドサイトが減る。
＊グローバル化するほど，個人の想像力・共感性がクリティカルに。
＊医療訴訟，事故後の責任追及など，インパクトは大きい。

ができるし、できてしかるべき、と考えてしまう。これがハインドサイト（＝対人判断における後付け再構成）の知見です。

さてこういう後付け再構成は、人間の治しがたい病なのでしょうか。後付け再構成はもともと個々人が持っている認知バイアスであり、それが人間関係の中ではもっと誇張されると考えられます。より複雑なシステムの安全管理で、数百人が関わるとすると、もっと悪くなるかもしれない。その意味で社会的な病になってしまう。そういう可能性があると思います。

「治るか」どうかというときに、私たちの実験で実際に役に立ったのは、エージェントの眼球運動のパターンをプリンシパルに見せたことです。この人の視線のふるまいは実際にこうだったと示して、そのうえで後付けに「正しく判断できたか」を評価させると、こうしたハインドサイト・バイアスが起きにくいことがわかりました。前に（１章で）述べた「その人（たとえば障害者）の身になって体験してみる」というのに準ずる方法と言えるかもしれません。

ここまでのまとめとして、後付け再構成の傾向（ポストディクション、ハインドサイト）はヒトの認知系が持っているいわば不治の病です。ただ「病」という言い方には問題があり、過去の経験をわかりやすい認知枠組みで捉え返すことには、もちろん進化的な価値もありそうです。たとえば「ありそうな因果法則として記憶して、未来に役立てる」というように。ただその元来の性向が対人関係や社会集団の中で行きつ戻りつする間に大きく増幅し、ついには修復が効かなくなる。そこまでの可能性を、これらの研究結果から外挿（＝延長して想像）できると私は考えています。

マインド・リーディング？——再構成の歪み

こうしたポストディクションやハインドサイトの社会的意義についてさらに考える前に、そうした後付け再構成の効果が否応なく、また誰にでも多かれ少なかれ起きてしまうことを示す例を、もう一つだけ挙げます。それはＴＶのマジックショーなどで「メンタリスト（マジシャン）」が見せる「マインド・リーディング」です。たとえば、次のような例を考えてみてください（以下、図２‐19に沿って）。

メンタリストはまず、女性の観衆のひとりに向かって「最初のボーイフレンドの名前を思い浮かべてください」と頼みます。もちろん、この観衆のひとりがメンタリストの用意した「さくら」である場合も多いでしょう。しかしここではそういうケースは除外して、さくらでなくてもうまくいってしまう場合が多いこと、そしてそこにはいくつかの心理的要因が働いていることを指摘します。

図2-19　マインド・リーディング？——再構成の歪み

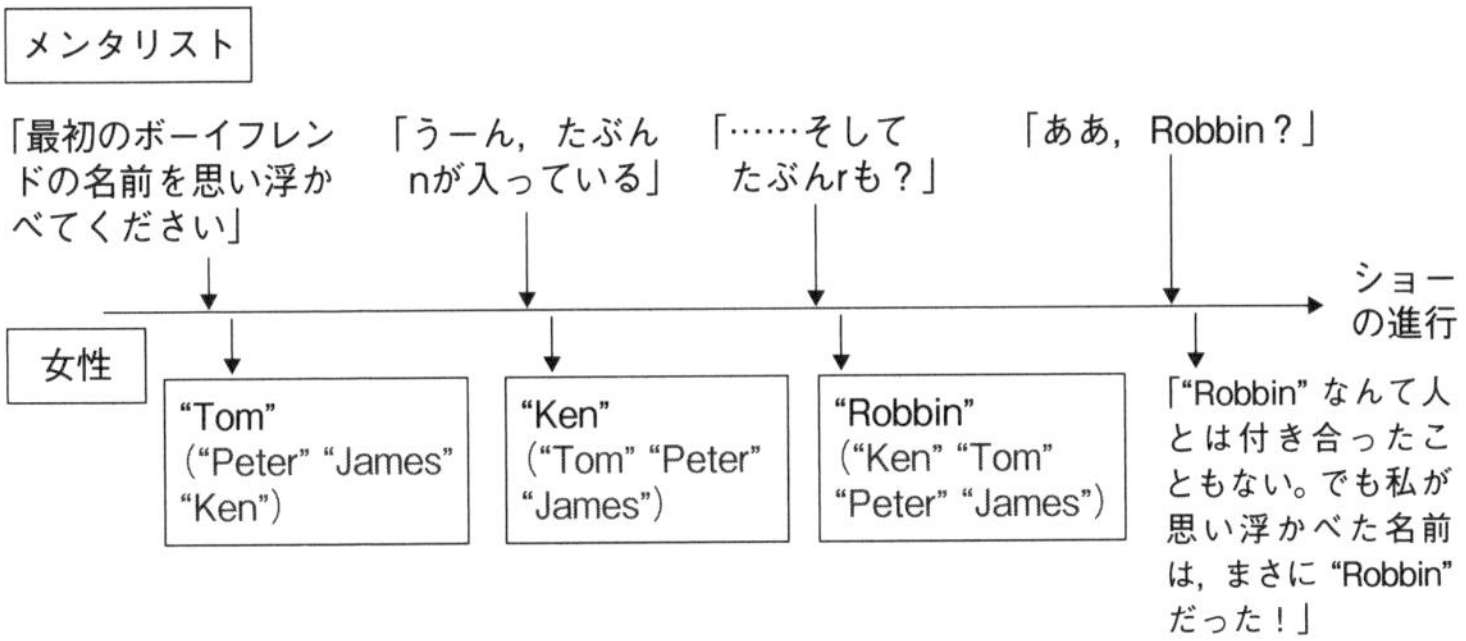

＊Q1：「当たった」と言えるのか？　Q2：“Robbin”を思い浮かべたのは，どの時点か？

さて、このリクエストをした時点で、この女性（観衆のひとり）の念頭には、最初のボーイフレンドとして、“Tom”という名前があったとします。ただしよく考えてみると「最初のボーイフレンド」という言い方自体が曖昧ですから（小学校のときに淡い恋心を抱いた先生、最初にデートした相手、最初にキスした相手、最初に結婚の約束をした相手、等々）、ほかにも潜在的なこころのレベルでは“Peter”“James”“Ken”などの名前があってもおかしくはありません。

さて次にメンタリストは額を押さえて超能力を発揮するふりをしながら、「うーん、たぶんnが入っている」と言います（英語の男性名には、実際高い確率でnが入っていることに注意）。ここでこの女性のこころに何が起こるかを考えてみると「あ、もうこの時点で外れです」と確信を持って言う人は稀で、むしろもともと潜在レベルで候補としてあった“Ken”が浮上するというのが普通でしょう（そもそもこの実験デモに参加を同意した時点で、彼女はメンタリストの超能力を見たがっている、できれば協力したいとさえ思っている確率が高いわけです)。

メンタリストはさらに続けて、「やはりnが入っている? そうでしょう。うーん、それにたぶんrも?」などと問います。rも男性名に入っていることは珍しくないので、ここで女性の念頭にあった名前が"Ken"ではなくてたとえば"Norman"だったりすれば、女性の答えは「またイエス」となって、メンタリストは観衆の喝采を浴びることになります。

しかしここでは、そういうラッキーなケースではなくてむしろアンラッキーな場合を考えましょう。「たぶんrも?」とメンタリストに訊ねられて、女性の念頭の第一にあった名前が今度は"Peter"に変わったとします。ここで不幸にしてメンタリストが「あなたの最初のボーイフレンドの名前は、ずばり"Robbin"?」とあてずっぽうを言って、それが大外れという場合も当然ありえます。しかしそれでもまだ、この読心デモンストレーションは「大外れ」には終わらない率が高いのです。

nとrというプライマー(手がかり刺激)を与えられたことによって、平均的な米国人の女性の潜在的なこころには"Robbin"だけではなくて"Peter""Norman""Roman""Richard"などの名前が自動的に活性化され、思い浮かんでいるはずです。ただ数個ある名前の潜在的な「表象(イメージ)」の中で"Robbin"だけが「ヒットした!」印象となります。女性の自然な反応として「"Robbin"なんて人とは付き合ったこともない。でもそれとは別に、私が今たまたま思い浮かべていた名前は、まさに"Robbin"だった!」という反応になりがちなのです。つまり"Robbin"という刺激語に反応して「確かに(曖昧だったが)"Robbin"という名前も思い浮かべていた」と後付け再構成してしまうのです。

この点はマジックの心理学で、すでに解明されています。

ここで問いたいのは、まず第一に（言うまでもなく）「これで当たったと言えるのか」という点です。女性の主観では「当たった、こころを読まれた！」となっているわけですが、ここで問いたいのは"Robbin"という名前を思い浮かべたのが、厳密にはどの時点だったか」ということです。この女性が「最初のボーイフレンドの名前」と問われた時点から"Robbin"という名前だけを念頭に置いていて、それをメンタリストが当てたのなら、これこそ本当の「当たり」です。女性も（後付けで）大雑把にそのような印象を持ってしまいがちかもしれない。しかし問題は、「いつの時点で思い浮かべたか」なんて注意を払っていないし、それ自体の記憶はきわめて不鮮明だということです。「いつの時点で想起した名前か、秒のオーダーでちゃんと覚えておけ」なんて、誰も注文していないし、注意の焦点はあくまでも名前であって、その想起のタイミングではないのです。

途中でnとrのプライマーによって、潜在的に浮かんだ名前数個のうちの一つに"Robbin"もあったはずですが（欧米ではありきたりの名前の一つですし）、これはあくまでも潜在的なこころのレベルだから、この時点でこの名前が（意識レベルで）思い浮かんだとは言えない。それにもかかわらず、「"Robbin"でしょう！」と断言されると、強い再認感が生じる（潜在記憶であっても、その記憶対象を顕在的に、あらためて持ち出されると、強い再認印象が生じる。これは別の研究でわかっています）。だからなおさら「当てられた」という印象が強まってしまい、まさしく記憶を後付け再構成して、「（"Robbin"は私の最初のボーイフレンドの名前ではないけれど）確かに私があのとき思い浮かべていた名前だった。それを当ててしまうなんてすごい！」となってしまうのです。

さらにもうひとこと付け加えておくと，nとrは“Robbin”の最後と最初の文字です。最初や最後の文字だけを手がかりとして与えて，名前を再生させる（よくある英語の名前を答えさせる）と，中間の文字を手がかりとして与える場合よりもはるかに容易であることがわかっています（Kahneman et al., 1982）。つまりその点からも，この女性の潜在的なこころに“Robbin”が浮かんでいた可能性は高いのです（というよりその理由で，メンタリストは“Robbin”という名前を選んだのです）。

このメンタリストの巧妙なテクニックを，認知心理学の文脈で捉え返すには，三つか四つのキーワードを挙げれば足りるはずです。まずは潜在認知と，ハインドサイト。そのほかに，学習心理学の「シェーピング」＝相手の行動を少しずつガイドし強化してやることによって，最後にこちらの思うとおりの行動をとらせてしまうこと（水流が地面に水路を作ることにも似るため，「水路付け」とも言います）。またエピソード記憶の曖昧さ（この場合にはいつ“Robbin”を思い浮かべたか）と「出典健忘」（＝情報の中身は覚えているが，その出所を忘れやすい症状——健忘症患者に多いが健常者でも起きる）などです。

この例は，モティベーション（動機付け）に基づく事象の後付け再構成のケースでした。①整合性，②完結性，③メンタリストの超人的な読心能力を信じたい欲求，④（TVショーで，たくさんの観衆の中から選ばれたなどという）社会的文脈が，その再構成の作用をいっそう強めたと考えられます。そしてこの例から，この章でずっと考えてきた原発の安全神話形成の過程についても，示唆を得ることができると思われます。まず何よりも，出来事の継起の認知は，整合性と自己完結性を「めざして」無意識のうちに再整理されてしまうことです。この点については、記憶心理学者バートレットの古典的研究でも、はっきり示されています。彼は欧米の現代人から見れば意味不明で飛躍だらけのインディオの民話を読み聞かせ、それを再生させると（後付けで）あちこちで削除・整序・再編集がなされ、すっきりと辻褄の合った話になってしまうことを見事に示しました。

そして第二に、もし「原発の安全を信じたい」願望が（特に現地の住民や、電力会社の安全担当者に）あったとすると、それが安全神話（＝心理リアリティ）の形成に大きく寄与したと思われます。さらに言えば、事故後の出来事の再構成、責任の追究の過程を見ても、この章で、特にこのメンタリストの例で見られたような世論のプライミングとシェーピングによる水路付けが、強く働いていると見るべきなのです。つまり注目すべきは事故前の安全神話の形成過程で、宣伝する側も心理的に強化され、根拠のない確信の上塗りが繰り返しなされていったのではないか。そして事故後の解釈をめぐっても、同様のダイナミックなシェーピング過程が働いたのではないか。そういうことです。

ハインドサイトとポストディクション——社会的な意義

先ほども触れた例ですが、かつての地震の「予知」研究は、事後の予兆エピソード収集（「そう言えば」「あの日の朝、池のナマズが今まで見たことのないほど水面から飛び上がって暴れていた」など）に充てられ、かなりの国家予算が割かれました（日本でもですが、特に中国では巨額の予算が持続的に割かれているといいます）。しかしそれらがいずれも例外なく「事後」の「予兆」収集であるために、ポストディクティブな再構成の危険を免れ得ないことは確かです。本当に「予兆」の予測力を知りたいのであれば、毎朝「予兆」の有無を（その朝の時点で）記録し、あとで大地震や大洪水などあらかじめ定義された「大災害」の有無と照らし合わせる統計分析が必要です。これはあらためて考えれば、当たり前の話でしょう。

ほかにも、裁判に至るさまざまな事件、とりわけ医療訴訟などでは、先ほど取り上げた対人間関係における「ハインドサイト」と同じ仕方で、被告たる医者が責められるということが起こりがちです。（これも少しだけ触れましたが）「医療の常識からして、誰が見てもあり得ない診断ミスだ」と、誤診だったという結果を知っている原告側の弁護人や証人（やはり医者）、世間から非難されます。しかし最初に医師が患者を診て診断を下した時点では、症状ははるかに多義的で、非難している当人たちだって同じ不確かな場面に立ち会えば、同じように誤診した可能性はあるわけです（前述の写真の実験を思い出してください）。

個人のこころの潜在過程で起きるポストディクションを、対人間、ひいては社会的なハインドサイトに増幅して考えることによって、現代社会のシステムが持っている欠陥が見えてくる。一応そのように結論できると思います。

5 まとめ

ここまでの三つの章を簡単にまとめると、原発を含め「人災」と言われるような事故には、心理的欠陥と、それを補うはずの制度の欠陥とが両方関わっています。そこで私たちはまずヒトの認知のバイアスと、想像力の限界を見据えなければならない。パニック行動や危険への馴れ、現在の利益と未来の危険（負の遺産）とをどのように天秤にかけるか、などをさまざまな角度から論じてきたのもそのためでした。そしてコミットメントや後付け再構成によって、安全神話がいっそう強化されるさまも見てきたわけです。この章の前半で扱った「病的賭博とロス・チェイス（損失回避）」や原発の安全設計に関する「想像力の限界」、後半で扱った「後の祭り（ポストディクション）」やメンタリスト・マジックにおけるシェーピングなども、個人の認知バイアスが社会装置で増幅されてしまう、そういう観点を掘り下げる意図で触れたのです。

これらを踏まえて最終章では、それに対処するために――そのようなヒトの認知の欠陥に対して、セーフティネットとして作用できるために――どのような社会制度が望ましいのかを検討してみることになります。ですがその前に、そこへ進むうえでのキー概念となる「心理リアリティ」「シェアド・リアリティ」について、次の3、4章で順番に提案しておく必要があります。

3章

心理リアリティと実態リアリティ

――こころは事実と乖離する

本書の冒頭から繰り返し触れてきたことですが、従来の心理学や社会科学では捉えきれない大きな現象や問題が、現代社会ではたくさん生じています。原発の問題だけではなく、環境汚染と温暖化、AIと人間、そしてビッグデータとプライバシーの問題も然りです。これらを本質的なところで理解するには、より横断的で広い枠組みが必要です。これから述べていく「実態（実体）リアリティ」（すなわち実態そのもの）と「心理リアリティ」の区別が、その枠組みを提供するかもしれません。

実態リアリティとは、文字通り世の中の実態（実体）的なありようのことです。実態（実体）そのものと言ってしまっても大雑把には同じです。ただ「知覚・認知によって脳に取り込まれた、世界の比較的忠実な写し絵」という意味にとるなら、実態リアリティという言い方がより正確です。たとえば視知覚で言えば、網膜像が実態リアリティに近いでしょう。一方、心理リアリティとは、それを認知するヒトの側に形成された表象＝受け止められ方のことです。これは前章で述べたようなヒトの潜在認知（知覚・認知のクセ）によって、実態から大きく乖離することがある。世の中の実態（実体）と心理リアリティとを区別してその乖離に注目することで、世の中のいろいろな現象が違った形で見えてきます。以下で、心理リアリティと実態の乖離のさまざまな例を見ながら、心理リアリティと実態（世界）との関係を整理していきましょう。

1　実態 vs. 心理リアリティ──さまざまな例

◎知覚イリュージョン

まず実態（実体）が純粋に物理的な「事実」であるのに、心理リアリティがそれから乖離する場合があります。いわゆる「錯視（視覚イリュージョン）」がそれです。有名な「矢羽根の錯視（ミュラー・リヤー錯視）」（図3－1の左図）では、物理的には同じ長さの二つの線分が、心理リアリティとしては異なる長さに見えます。このとき、対象（二本の矢）の物理的な長さが実態（実体）そのもの、それを忠実に写した網膜像や初期視覚皮質の神経表現は実態リアリティ、錯視が起きて長さが異なって見えるのが心理リアリティ、ということになります。左下図の破線のように補助線を引くことで、実態が明らかになります。しかし破線なしの図（左上図）をもう一度見ると、（今得た知識とは関係なく）またもや錯視が起きます。

また「ネッカーの立方体」（右上図）や「シュレーダーの階段」（右下図）では、そもそも2次元の線画が3次元に知覚される、そのこと自体が実体（または忠実にそれを写し取った「センスデータ」）と心理リアリティとの乖離を示しています。

そのうえ、この立方体や階段の例では、奥行きや知覚される3次元配置の「反転」が起きます。実

図３－１　錯視（視角イリュージョン）

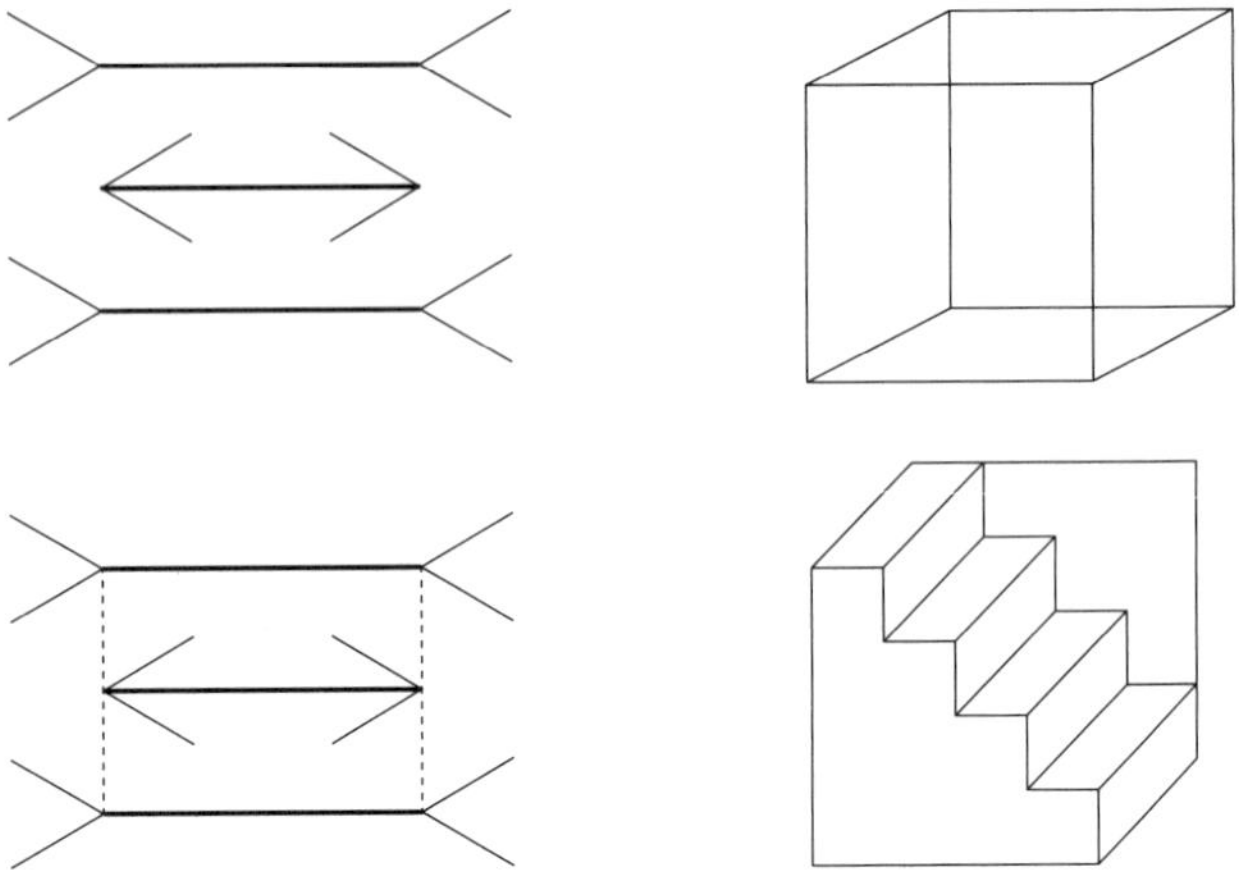

体リアリティである線画そのものにはなんの変化もないのに知覚（＝心理リアリティ）レベルで反転が起きるのですから、これも乖離と考えられるわけです。

このように実体リアリティと心理リアリティの乖離は、知覚イリュージョンにおいてもっとも明確に見て取ることができます。しかしより抽象的・認知的・社会的な場面でも乖離を見ることができ、驚くほど豊かで多様な例を見つけることができます。その多くの例は、統計学的あるいは確率的な実態リアリティと、その認知に関係します。また後で述べるように、記憶の錯誤をこのような乖離の別の例として挙げることもできます。そして、それぞれのケースを検討していくと、二種類のリアリティの間の乖離が大きな問題を生じない、あるいはむしろプラスに働くケースと、逆にリスクや損失をもたらすケースとがあることがわかってきます。

たとえばこんな例はどうでしょう。

ラッキーボーイ

スポーツの世界では、よく「ラッキーボーイ」という表現を使います。これはたとえば平均打率二割五分のバッターが、その日は三、四本連続ヒットを打ったといった場合です。今でも日本のプロ野球を見ていると、解説者が「次のバッターはラッキーボーイだから、敬遠した方が」というようなコメントをしています。ところが統計学者の研究によると、ラッキーボーイは実在していません。どういうことかと言うと、全くランダムにサイコロを振った場合の、ヒットならヒット、アウトならアウトのつながり（継起）が起きる頻度と、同じ結果しか出てこないのです。具体的に言うと（上のバッターの例で言えば）、三回連続ヒットが出る確率は「0.25×0.25×0.25」で約一・六％ですが、だいたいその程度しか実際の試合で起きていないということです。

ではどうしてこういう認知が起きるかというと、人間のランダム性の認知にはバイアスがあるからです。ここで図3-2のAとBの継起（シークエンス）を見てください。

いずれも○と×の並びですが、AとBのどちらがよりランダムに見えますか。これは認知心理学でよく調べられているテーマですが、結論から言うとAの方がよりランダムで、Bの方がランダムではない（規則性が高い）。逆だと思った人が多いと思いますが、どうでしょうか。なぜそう思ってしまうかというと、人間のランダム性の概念はより頻繁な事象の切り替わりの方に傾いているからです。これはよく調べられていて、実験データも多くあります。言い換えると「三、四回の連続でも、（本当は

図3－2　以下のどちらが，よりランダムか？

A：oxxoooooxoooxoxxxxxxxooxxxoox…

B：xooxoxxxoxooxoooxoxxooxoxxoxx…

ありふれていて、偶然でもよく起きるのに）きわめて珍しく、偶然ではないように受け止めがち」ということです。

こういう傾向があるので、たとえばイチローが三打席連続安打をすると、彼は今日のラッキーボーイだから次は敬遠した方がよい、ということになる。だが実態は何もない、つまりたまたまヒットが続いただけという可能性があります。このことは、ランダムの「代表性（prototypicality）」として、（ノーベル賞を受賞した）カーネマンとトヴァスキーらが、もっともはっきりした形で指摘しました（Kahneman et al., 1982）。つまり、人々のこころの中にランダム性の典型例（prototype）というものがあり、その典型例が、実際のランダムな継起に比べてより頻繁に交替する方に偏っている。そういうことです。

ただ、このケースは世の中的にはある意味オーケーだと思います。オーケーというのは、スポーツ解説者の話を、ビールを飲みながら聞いていて、そうだそうだ敬遠しろとか言っていても、それで何か問題が起こるかというと破綻は起きない。（スポーツ統計学者以外は）誰も気にしないし、異論を唱えない。もちろん守備側の監督・コーチの判断に問題あり、と言うことはできますが、結果としてヒットを打つこともあれば打たないこともある。あるいは敬遠した結果、点を取られることもあれば取られないこともある。大きな破綻は生じないのです。攻める側も守る側も、それに観る側も批評する側も「ラッキーボーイ」というキーワードを心理リアリティとして共通に持っていて、それなりに世の中が回っていく。だから実態リアリティとは乖離していても、世の中的にはオーケーなケースだと言いたいのです（後で触れるように、今使った「共通に」がキーワードです）。これは次の章で詳しく述べる「シェアド（共有）・リアリティ」の優れた例になります。

◎ギャンブラーのファラシー

これと似た例として、ギャンブラーのファラシー（誤信）という現象が有名です。たとえばルーレットやロット（ランダムな数字の並びを当てる公営ギャンブル）などで、偶数が五回連続でくると、六回目にはたいていのギャンブラーはいっせいに奇数に賭けます。極端な場合奇数に賭ける人が九人、偶数に賭ける人が一人というような状況になります。これも先のラッキーボーイと、心理的な根っこは一緒です。つまりランダム性の認知的なプロトタイプが、実際よりも頻繁に交替することと関係しています。五回も偶数が連続してくると極端に特殊なことが起きているように思え、「いくらなんでも六回目はこないだろう」と思ってしまうのです。

しかし実際は、毎回の試行は「互いに独立」だから、そんなことをしても別に有利にはなりません。次を偶数に賭けても奇数に賭けても、勝てる確率は同じです。この「独立性」は統計学では基本原理ですが、ヒトの認知のクセとして、素直には認めにくいのです。

というわけで、確率についての心理リアリティが実態リアリティから乖離している。その意味でギャンブラーの誤信としての独立性無視は、スポーツにおけるラッキーボーイと似ています。ただし、ラッキーボーイの場合と同じように世の中的になんの問題もないか、誰も損をしないか、というと微妙です。

ルーレットなどのように掛け率（当たったときの倍率＝払い戻し率）が固定している場合には、（胴元側にインチキや神業的な技巧がなく）出る目が本当にランダムなら、何に賭けても結果（期待値）は同じです。しかし競馬・競輪などのように倍率が人気（投票率）によって変動する場合、またサッカーくじやロットのように当たる確率そのものが人気（同じ数字に投票した人数）によって変動する場合は、どうでしょう。独立性を無視したり、「ぞろ目」（同じ数字の並び）にばかりに賭けるなど認知バイアスの影響が大きい人ほど、実際には（期待値としては）損をすることになります。逆に言えば、そういう大多数の人の持つ認知バイアスに逆らうように（逆目に）賭ける方が、期待値としては有利とも言えます。このように確率をめぐる認知バイアスが本当に「人畜無害」で世の中的に影響がないかどうかは、それぞれのギャンブルのルールによるのです。

次は確率というよりは統計学的なデータのふるまいに対する錯誤で、世の中的なインパクトが大きい例です（これとその次の問題は、私のかつての共同研究者である東京大学の市川伸一先生の発案による例をアレンジしたものです）。

◎入試の配点問題

ある大学の文系入試で英語一二〇点、国語一〇〇点、数学八〇点の配点だとします。これは現実にありそうな配点ですが、この配点は妥当でしょうか（「妥当」というのは、大学側がこの重み付けで「英語―国語―数学の順に、得意な受験生を採りたい」という意味とします）。

普通の人は妥当と言うだろうし、予備校の専門家もそう言うのではないでしょうか。ただ少しうるさい人は、実際の平均点による、と言うかもしれません。たとえば英語の平均点が四〇点、国語が五〇点、数学が六〇点ならどうするのだ、思っていることと違うではないか、というふうに。

数学的・統計学的に言うと、実は両方とも的外れです。正しいのは、ばらつきによるということです。それを理解するための極端な例として、文系入試だから数学が八〇点満点と配点が小さいわけですが、仮に英語と国語で、受験者全員同じ得点だったとしたら、どうでしょう（むろんそんなことは実際には起きえないでしょうが、仮定の話です）。つまり英語と国語の点数のばらつき（標準偏差）が（何点満点かとは関係なく）極端に小さい場合はどうか、ということです。

そうすると数学の得点だけで、当落が完全に決まってしまうことになります。しかしそれは、出題者側の意図とは違うはずです。というのも、先に注意したように、出題者側の意図としては、英語、（その次に）国語が得意な受験生を採りたいわけですから。

総得点も平均点も関係なく、ばらつきだけが実は問題なのです。ばらつきが一番大きい科目が、実はもっとも当落に影響する。これが統計学的には「正解」です。しかし本当に皆がそう思っているでしょうか。統計学の専門家を除けば、受験生の両親はおろか、高校の受験指導の先生や受験の専門家でもそう思っていない人が多いのではないでしょうか。「A大学は英語の配点が大きいけど、うちの子は英語が苦手なので……」といった会話が、通り相場だと思うのです。

この例は、実態リアリティとかけ離れた心理リアリティが、人々の間で共有されている例と言えるでしょう。受験生、親、大学側、出題者、予備校も皆がそう思っているなら、心理リアリティがその意味で共有されているわけで、それはそれなりに矛盾なく、うまく回っているとも言える。その点では、先のラッキーボーイの場合と似ています。

しかし、問題がないというわけではありません。なぜかと言うと、この場合は出題者側が、理系の科目よりも文系の科目が優秀な人を採りたいと思っていて、それなりの理由もある（文系の学部だから、など）にもかかわらず、（先の極端な場合のように）そうならない可能性があるからです。その意味では、心理リアリティの実態リアリティからの乖離が世の中的に問題を生じている、あるいは一部の人々には（それと気づかれずに）不利益をもたらしているケースだと考えられます。

このように世の中のいろいろなケースを数値にして考えると、心理リアリティと実態リアリティの関係でいろいろなことが起きている。そして乖離があっても問題がない例と、重大な問題が生じる例とがあることがわかります。

確率の世界で心理リアリティ（直感的な確率）が実態（数学的な解）から乖離する例としてよく知られているのが、ベイズ推論問題です（言わずもがなですが、「数学的な解」と言っても、数学そのものが人類の創造した文化で、解もこころの中にあると考えれば、実態そのものというよりは実態リアリティ、時にはすでに心理リアリティと考えるべきです）。ベイズの規範解（＝数学的な正解）は多くの場合反直感的で、数学的な解法の論理を完全に理解した後ですら、反直感性は残ると言われています（Shimojo & Ichikawa 1989：市川、一九九七年）。しかしここでは、ベイズ推論そのものについて論じたいわけではありません。むしろ、心理的リアリティの実態リアリティからの乖離が容易に解消できないことを示す好例ということで、ごくかいつまんで一つだけ例を挙げます（前出の市川〔一九九七〕より改変）。

エイズ検査問題

エイズ（でなくてもよいのだが、ある病気）の感染検査があり、一〇〇〇人に一人の割合で感染者がいるということがわかっている。実際に感染している場合、九八％がこの検査で陽性、二％が（誤って）陰性と出ることが、今までのデータで示されている。また非感染者の場合は、九九％が陰性で一％が（誤って）陽性と判定される、とします。

さて、ある人が陽性という判定を受けたとすると、実際に感染している確率はいくらぐらいでしょうか。

多くの人は直観的に九八％かそれ以上と言うはずです。皆さんはいかがでしょうか。これもベイズ確率が反直感的となる問題の典型です。実のところ、ベイズの定理による数理的な解は八・九％となります。信じられますか。

なぜそうなるのか。ベイズ確率の話を数学的に細かく解説すると訳がわからなくなると思うので、図３－３で直感的に説明します。

図３－３　感染者問題に対するルーレット表現

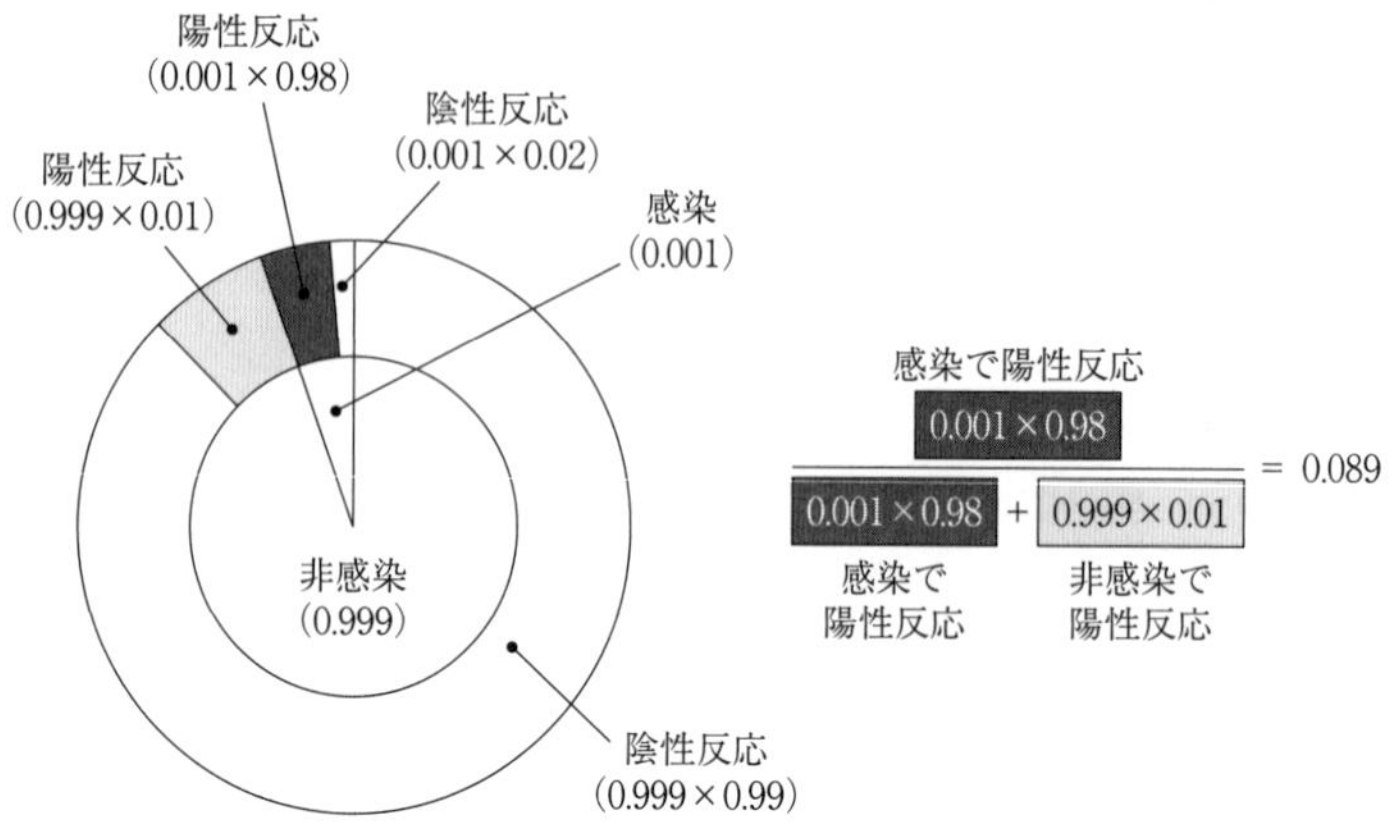

（出所）市川，1997年。

陽性反応が出るケースは実際には二種類あります。図の薄い網かけ部分と濃い網かけ部分でそれぞれ示したように、本当は感染していないのに陽性反応が出るケースと、実際に感染して陽性反応が出るケースです。非感染の方が圧倒的に事前確率（＝一般人口の中での割合）が高い（九九・九％）ので、「本当は感染していないのに陽性反応が出た」可能性（図の薄い網かけ）の方がはるかに高い。それでこのような計算になるのです。人によってはかなり驚かれるのではないでしょうか。これは計算がおかしい、数学の方がおかしい、むしろそちらを直観に合うように変えようという議論が、数学者や認知心理学者など専門家の間でもあるぐらいですから（しかしやはり実際に試してみると、この結論が正しいのです）。

そもそもベイズ確率が直観に反するのはなぜでしょうか。簡単に言うと確率というのは一種の心理リアリティであり、それが実態リアリティから乖離するからです。「確率＝心理リアリティ」というのは、狭い意味では直観確率のことですが、より広く言えば、数学的に定義された確率空間そのものでもあります。というのは、実世界の事象（出来事）そのものに確率が実在するわけではなく、その時系列上のふるまいを抽象的に捉え返した仮想表現が、確率だからです。そこで「捉え返した」のは誰かと問えば、やはり人間、あるいはヒトの脳、であるわけです。このように確率空間がすでに心理リアリティであるために、実態との間にとりわけ乖離が起こりやすいのです。この場合はその確率空間からさらに直観が乖離しているとも言えます。

心理的リアリティが実態リアリティから乖離する例を、数字化（計量化）しやすいものに絞って紹介してきましたが、別の方向に――たとえば記憶の錯誤などにも――話を広げることができます。

中でも認知心理学者ロフタス夫妻らによる「目撃者の証言」についての一連の研究は有名です。それらはひとことで言って、いかに目撃者の証言が「アテにならないか」を雄弁に示しています。たとえば、同じ自動車事故を（ビデオで）目撃しても、質問者の質問の仕方によって記憶が変容し報告が変わります。「車はどのぐらいの速度で壁に当たりましたか」と訊くか、「車はどのぐらいの速度で激突しましたか」と訊くかで報告が大きく変わります。「激突」という言葉で訊かれると、速いスピードとして記憶が再生されてしまうのです。また自分の証言に誤りや歪みがあると、今度は証言そのものが鮮明な記憶として残ってしまい、次の機会には確信を持ってその誤った事象を「目撃した」と報告してしまいます。

関連して（前章で紹介した）「後付け再構成」の側面もあります。簡単に復習しておくと、英語では「ポストディクション（postdiction）」で、「プレディクション（prediction）」に対する造語です。互いに関係のない、あるいは異なる時間順序の二つ（以上の）事象を、いわば後付けで組み替えて（因果関係として）意味をなす形に変えて理解したり、記憶したりしてしまうことです。前章で見たとおり、低次レベルでは知覚から、高次レベルでは長期記憶の変容にまであまねく見られ、ヒトの脳の本性と考えられます（Shimojo, 2014）。

たとえば交通事故を起こした後、その日は雨で路面が滑りやすくブレーキが効きにくくなっていたとわかったとします。すると運転中や事故の瞬間にはそんなことは関係ないと思っていても、後々の記憶としては、「確かにあの日は路面が濡れていた。人影を見て素早くブレーキを踏んだがスリップしてしまい、間に合わなかった」となるのです。このように記憶の後付け再構成が起きるために、記憶の心理リアリティが実態からますますかけ離れることになりがちです。それが世の中的に見てオーケーかどうかは、それこそケースバイケースなわけです。

2　心理リアリティが実態リアリティを規定する？

心理的リアリティが実態から乖離する例には、世の中的に見てオーケーなケースもあれば、問題と考えるべきケースもある。そういう話をしてきました。これまでは触れませんでしたが、流行の発生や、銀行・信用金庫の取り付け騒ぎなどを、(オーケーだけではすまない例として)さらに挙げることもできます。ファッションやポップ音楽における流行の発生は、ビジネスの観点からは望ましいと言えるわけですが、それが起きるか起きないかでは大違いでしょう。また取り付け騒ぎは言うまでもなく、銀行にとっても預金者にとっても最悪の事態です。にもかかわらず、どちらも心理リアリティが実態から乖離することによって、実態の世界の方に結果が及ぶ点では、共通なのです。

ここでよく誤解されるのですが、実態リアリティが心理リアリティを規定するのは当たり前だが、心理リアリティが実態リアリティを規定することはあまりない、と思っている人が多いでしょう。ですがそうとばかりも限りません。

たとえば、証券や先物の相場。相場では、むしろ心理リアリティが、いわばUターンして実態リアリティの規定を変える、あるいは実態リアリティ化します。つまり単に乖離するだけではなくて、逆に心理リアリティが実態リアリティを変えうる場面と捉えることができます(これは次の4章でも基本的な論点となります)。投機家の間で、たとえば環境系のこの新技術が有力だとか、高齢化で介護関連分野が有力という情報があって、その見方(=心理リアリティ)が共有されると(後で述べるシェアド・リアリティとなって)、実際、株価は上がります(=実態リアリティ)。たとえ元の情報が疑わしかった場合でさえ、この上昇分はいわばリアルなキャッシュであり、実態経済に反映されるのです。

ただし、ここでもやはり乖離が問題です。心理と実態のリアリティ乖離があまりに大きくなると、経済は崩壊します。世界の経済金融史上何度も起きた大恐慌やバブルの崩壊というのは、そういうことだったわけです。

前章で少し触れたギャンブル中毒者の「ロス・チェイス（損失回避）」にしても、もちろん「（損失が大きいのに）賭け続ける」という意思決定の病理ではありますが、その背景に心理リアリティの歪み（「たまたま運が悪かっただけ」「まだまだ取り戻せる」）があるのは明らかです。そしてこの心理リアリティの歪みが意思決定をも歪めると、「取り返しのつかない大損」となって実態をも動かしてしまうわけです（さらにシェアド・リアリティとなったときにどうなるか、それについては原発事故との絡みで再度、次章で取り上げるつもりです）。

心理リアリティと実態リアリティという言葉の使い方について、ここでもう一点注意しておきます。それは実態と一致していてもいなくても、心理リアリティは依然として心理リアリティであるということです。これについては、知覚の例がやはりわかりやすいでしょう。たとえば図3－1のミュラー・リヤー錯視の図形に戻ってみましょう。この二本の線分は同じ長さに見えませんが、物理的には同じ長さです。仮に稀な状況で同じ長さに見える人がいたとしても、その知覚が物理的に正解だから実態（リアリティ）だ、というのは（少なくとも部分的には）誤りです。同じ長さに見えようが見えまいが、それが知覚内容である、つまり心理現象としてこころの世界に起きた事象である限り、あくまでも心理リアリティなのです（詳しく言えば「心理リアリティ＝実態リアリティ＝実態そのもの」という稀なケース、ということです）。

では二本の線分が違う長さに見える（＝イリュージョンが見える）知覚と、同じ長さに見える知覚とを区別しなくてもいいのか。その区別を問題にするとき、知覚心理学者は「真正（veridical）な知覚／真正でない（nonveridical）な知覚」という区別を使います。が、この区別は、あくまでも心理リアリティの中での区別であるわけです。

さて、ここまで心理リアリティと実態（リアリティ）の区別、その両者の関係、といった話をしてきました。その話ばかり手を変え品を変えてしてきたのには、理由があります。その意図は何だったかと言うと、これが（原発をめぐる潜在認知の話を含めて）現代社会に特有の問題の多くに、新しい光を当て、新しい分析を可能にする枠組みを与えると思うからです。

たとえば（2章でも触れたように）注意と欲求は正のループをなして、消費者の心理リアリティを形成します。これはそのまま原発の安全神話に適用することができます。実際、安全キャンペーンのような注意を片方に向けるような操作と、近隣住人が安全だと信じたいという内部の欲求とが、ポジティブなフィードバックをなして互いに促進し合い、強い心理リアリティが生じるという解釈になります。また同じく2章では、メンタリストの事例を挙げて、その一見超能力にさえ見えるパフォーマンスが、実はある種の心理リアリティ（男性の名前についての常識、超能力を信じたい気持ち）に基づき、巧みなシェーピング（行動や認知の水路付け）によって、じわりじわりと導かれていることを示しました。原発の安全神話もまた、この種の社会的シェーピングによって作られた心理リアリティだと言いたいのです。

ただ、これには以下のように反論する人がいるかもしれません。2章では、ヒトの脳は本来、損失・危険・不確実性を回避する傾向が強いという話だったはずだ。それなのに、原発経済はそのいずれの回避傾向の原理にも反しているではないか、と。確かに、一見パラドクシカルに見えます。これについては、どうも意思決定が国家のような大きな集団レベルになると、そういう（ヒトとしての自然な）回避傾向がなぜか作用しなくなるという、もう一つの側面を指摘しなくてはなりません。（これまであまり言われてこなかったことですが）大きな集団になり、社会制度（政治・経済など）を介すると、こういう心理的な回避も作用しなくなり、ヒトの認知のクセは、心理リアリティを実態からますます乖離させるのではないでしょうか。

「心理リアリティが実態から乖離することによって、実態の側にも変化がもたらされる」。この点をこの章では強調しました。たとえひとりの個人の心理リアリティが実態から乖離したとしても、それは多くの場合、たいした社会現象とはなりません。大きな社会現象となるとき、心理リアリティが人々の間で「共有される」ということが起きているのです。そのうえ、この共有＝シェアド・リアリティもまた、歪められ、閉じてしまって強化されていく特徴を持っています。安全神話などのような実態から乖離した心理リアリティが共有されてシェアド・リアリティになると、今度は安全管理や法律など社会制度にまで反映されてしまう。つまり実態の側を変形する。そして今度はそれが心理リアリティをますます歪ませる……。実態として巨大なリスクがあるときにそれが社会の制度や意思決定に反映されないとすれば、先の大恐慌やバブル崩壊の例と同じように、「リアリティの乖離がオーケーとは言えない場合」の最たるもの、致命的なものになるということです。プロスポーツのラッキーボーイのケースとは、根本的に違うのです。

そのうえ、これも大恐慌やバブル崩壊の例と同じですが、乖離があまりに大きくなるとどこかで急激な「揺り戻し」、つまりカタストロフィが起きる。市場で言えばバブル崩壊、原発経済で言えば原発事故にあたるものです（1章で述べた「ブラック・スワン」を思い出してください）。こういうカタストロフィによって、乖離していた心理リアリティが「揺り戻され」実態リアリティに突然一致する、または近づくことになります。「やっぱり原発は危ない」というふうに。

心理リアリティが歪んだシェアド・リアリティになり、閉じられ強化されていくと、いよいよカタストロフィの起きるモメンタム（潜在力）が蓄積される。そのあたりについては、次章で少し詳しく掘り下げていきます。

4章　実態を動かすシェアド・リアリティ
——心理リアリティの共有と歪み

前の章で述べたように、世の中の実態をヒトが知覚し、記憶した結果をこの本では「心理リアリティ」と呼びます。その心理リアリティが実態から乖離してしまう例は実社会にも多いが、それで世の中的にオーケーの場合もあれば、大きな実害をもたらす場合もある。そして特に気をつけなければならないのは、実態（リアリティ）が心理リアリティをもたらすだけではなく、心理リアリティがUターンして実態のほうを突き動かす場合があることだ。特に大きな利益（たとえばバブル）や大災厄（バブルの崩壊）をもたらすケースにはそういう場合が多いので、注意を要する——おおよそそういうことを、前章では述べてきました。

また最後に、心理リアリティがマクロの社会現象として実態化するには、ひとりの心理リアリティだけでは足りない。その心理リアリティが人々の間で「共有される」必要がある、と予告しました。この章ではそのあたりから始めて、この「リアリティの共有」のありさまを見ていきます。その具体例として、国際政治、人種差別などのリアルな例を取り上げます。それと同時に、知覚や注意、想像力、前章の最後でも触れた「後付け再構成」など、人の認知機能を多岐にわたって肉付けていくつもりです。

さて、まず最初の練習問題として、たとえば高速道路のカーブでスピードが過小評価されやすく、ついスピードを出しすぎて、追突事故を起こしてしまった、という（ありそうな）ケースを考えてみましょう。これはもちろんその個人にとっては（リアリティの）「乖離」がもたらした重大な（実態的）損失ですが、先の流行の発生や証券相場の例のように、マクロの社会現象として実態化することはないわけです。

では、マクロな社会現象として実態化するには何が必要か。それは人々の間で心理リアリティが「共有される」ことです。

先の交通事故の例でも、その高速道路のカーブで「スピードが過小評価される」ということが、仮に多くのドライバーの知覚に起こり、実際に追突や外壁に衝突する事故が頻発したとしたら、どうでしょう。警察も道路公団も警告サインを出すなり、路面をでこぼこにしてスピードを落とさせるなり、なんらかの対策に乗り出すはずです。つまり社会の実態レベルで、結果に差が出てきたことになります。このようにシェアド・リアリティとなってはじめて、心理リアリティは実態に影響を及ぼします。このステップを理解することが、個人の心理と社会の実態の関係を理解し、さらには社会制度（安全管理や法制）と個人の潜在心理の間の「キャッチボール」を理解するカギとなるのです。

心理リアリティの実態リアリティからの乖離が大きくなると、それがカタストロフィにつながる。この章ではこの点を再度、原発の安全神話や3・11福島第一原発の事故後の当局者の対応などを例として、特に掘り下げて検証していきます。

ここまで強調してきたとおり、心理リアリティのあり方が、実態をも変えうることがあります。しかしどんな場合でも、社会的な実態が簡単に変わるわけではありません。心理リアリティが人々の間で「共有」され、常識や世論となり、それが社会制度を通じて実態としてのアクションにつながる。そうなったときにはじめて、実態リアリティ（の硬いストラクチャ）をも大きく揺り動かす。前章では、そのあたりまで説明したと思います。この章では、たとえば原発の「安全神話」が、まさにそういう（作られた）シェアド・リアリティの好例であり、大きな実態的帰結（福島第一原発の事故）をもたらす一因となったということを説明します。

シェアド・リアリティが政治や経済を突き動かすというのは、本当なのか。またそれはどういう心理／神経メカニズムによるのか。そういう点も含めて、引き続き掘り下げていきましょう。

1 シェアド・リアリティ

シェアド・リアリティとは

心理リアリティは、あらためて言うまでもなく個々人が持っているものです。しかし特に同じ社会集団のメンバーの間では、それが共有されることが多いでしょう。あらためて定義すると、そのように集団によって共有された心理リアリティを「シェアド・リアリティ（shared reality）」と呼びます（Hardin & Higgins, 1996）。すでに述べたとおり、心理リアリティがシェアド・リアリティに「昇格」したときにはじめて、実態にも影響を及ぼし、実社会にインパクトを与えるのです（図4-1）。

そもそもコミュニケーションは、この意味のシェアド・リアリティに依存します。たとえば昨今問題になっているように、原発の立地自治体と消費自治体との間のコミュニケーションが成立するかし

図 4－1　実態（実体）リアリティと心理リアリティ

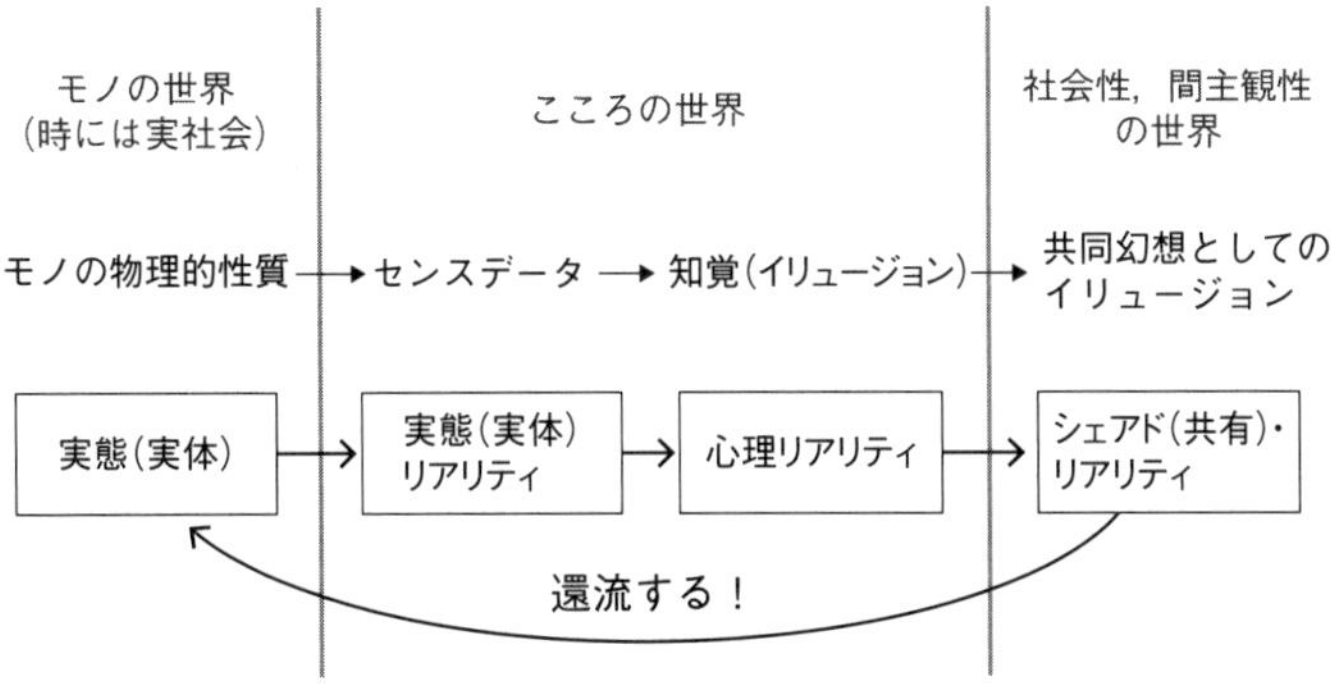

ないか、という問題はどうでしょう。実際、二〇一二年前後には（またその後数年経った今日でも）、主として核廃棄物の管理、処理場の問題などをめぐり、原発の立地自治体と、原発で得られた電力の消費自治体のそれぞれの首長（県知事、市長、町村長）同士の間で、対立・対話・連帯といったさまざまな働きかけと模索が行われました。そうした際に、うまくコミュニケーションが噛み合って合意が成立するか否かは、両者の間にどの程度のシェアド・リアリティが成り立っているかによると考えられます。つまり端的に言って相手を同じ集団の「仲間」と見なすか、それとも利害が敵対する競合集団と見なすか、の違いです（この点については後でまた述べます）。

「シェアド・リアリティ」というのは、もともと一部の社会心理学者が提唱した概念です（たとえば、前出のHardin & Higgins, 1996）。本来の意味では、社会的・文化的な価値観が教育などを通じて社会の成員に共有され、それが選択や評価、ひいては差別などの行動に反映される。そのような意味です。

ただしシェアド・リアリティは、意識レベルのこころや自覚される行動だけに反映されるとは限りません。というのも、人種差別や性差別などの差別意識が、たとえば質問紙で明らかになるような顕在的（意識的）なレベルではなかなか出ない。しかし、プライミングや反応時間のような潜在指標には出るということが、盛んに報告されているのです。具体的に言うと、米国では黒人に対するあからさまな差別は政治的・倫理的なタブーで、質問紙で直接的に訊くとそのような差別意識は出てきません。しかし同じ被験者の潜在的な態度を、今述べたような潜在指標を測るテスト（ＩＡＴ：潜在連合テスト）で測定すると、差別的な態度が顕われる場合があります。

そのような研究の文脈で、（意識に上るにしても、無意識に留まったまま行動に反映されるとしても）潜在認知のレベルで人間の行動を決める価値観の体系のことを、シェアド・リアリティと呼んだわけです。このようにもともとの社会心理学の用法では、文化間で違う道徳的習慣、世代間で違う価値観など、社会学的なレベルでのリアリティを指すことが多かったようです。

この「シェアド・リアリティ」の概念を、ここではより根源的な知覚や身体性の部分にまで拡張して、「身体や感覚のメカニズムまでが共通であれば、そのぶん心理リアリティの共有の度合いが強まる」ということを主張したいのです。

たとえば、色覚異常（色盲または色弱）の人と健常の人が、セザンヌの絵の微妙な色合いについて美的な会話を交わしている。そういう場面を考えてください。そこでのふたりの間のシェアド・リアリティは、かなり危うい。もちろん人間としての視覚機能の基本は同じですが、なにしろ違う色が見えているわけなので。逆にふたりとも色覚異常であったとしても、もし厳密に同じ種類の遺伝的なタイプであれば、色に関するシェアド・リアリティがある程度成立していると考えていいわけです。スポーツについても（身体的条件がシェアド・リアリティの前提となるという意味では）、同じことがある程度言えるでしょう。

このようにシェアド・リアリティは文化的な価値観だけではなく、感覚・知覚系、運動系を含む、脳の低次機能から高次機能まですべてに関わる話です。身体的条件や文化・環境が似ていれば、形成される心理リアリティも似通ってくる。来歴が似ている度合いに応じて、リアリティが共有（シェア）される。そのことがコミュニケーションや共感の度合いを規定するだろう。そういうことです。

言うまでもなく、シェアド・リアリティがあるからこそ（その度合いに応じて）コミュニケーションがうまくいくわけです。たとえば同じ日本人同士なら「言わなくてもわかる」。また、ある程度身体の形状も似ていて、知性や喜怒哀楽の表現もある（?）イヌ、ネコのほうが、ミミズなどに比べれば感情移入しやすく、ペットとして愛されやすい、などが例になります（ヒト型あるいは動物型ロボットが好まれる理由でもあります）。

関連して少し余談になりますが、自然科学機構（大学共同利用機関法人）では過去一〇年以上をかけて「宇宙に仲間はいるか?」というテーマでシンポジウムや研究会を開催しています。「宇宙に知的生命体はいるのか?　彼らと私たちはコミュニケートできるのか?」、この問いに対する答えも、私見ではこの拡張した「シェアド・リアリティ」概念が用意すると考えます。身体の形状や機能が似ていれば「手が痛いらしい」「全力で走っている」などの認知もしやすいし、進化的に蓄積された「知性」も、それが似通っていれば、当然思考の筋道や感情の表現が似通ってくるでしょう。極端な話、どこが手足かわからない海綿体のような生物の、どこかよくわからない内臓に、痛みでもかゆみでもない、未知の感覚Xがあるらしい……これではとうてい共感もできないし、コミュニケーションも困難でしょう。

こうした拡張した意味のシェアド・リアリティは当然、(後で述べるとおり)世論の形成ということに直接基盤を与えるはずだし、世論の操作ということにも関係してくるかもしれません。しかしなんにせよ一番のポイントは、心理リアリティが共有され、シェアド・リアリティに昇格したときに、それがコミュニケーションを可能にし、実態を変えるということです。

今の世の中の価値観は物質万能なので、たとえば「うつ病は薬を飲めば治る」という話では、実態(＝薬物の薬理効果)が心理リアリティを因果的に制約しています。しかしそれとは逆のメカニズムが世の中にはあり、個々人の心理リアリティが集団としてのシェアド・リアリティとして糾合されれば、社会の実態を変えます。このことは前章から再三強調してきました。

これは流行や株の相場のような社会的・経済的な場面だけではなく、政治にも言えることです。シェアド・リアリティが世論を変え、意思決定を変え、国家の進路さえ変える。後で「カネの問題にはこころの問題が多く入っている」ということを述べますが、その際にもこの点を再度強調することになりそうです。

◎世論の誘導とシェアド・リアリティの力

世論の政治的操作によって国家が道を踏み誤ったと考えられる例は、歴史上たくさんあります。それらはほとんどすべて、政治的プロパガンダや世論操作によって、実態リアリティから乖離した場所でシェアド・リアリティが人工的に形成された例と考えることができます。

たとえば、第二次世界大戦前やその最中の軍部による政治的な世論操作については、すでにさまざまな知見があります。マスコミや教育界を巻き込んだ軍部の開戦への世論誘導は、特に有名です。陸軍主導の大本営発表とマスコミの締め上げによって、世論を意のままに操縦したのです。

しかし肝心な点はそこではありません。大衆個々人の心理リアリティがそのようにして操作され、開戦→勇戦という一方向に束ねられるや否や——つまり、ひとたびシェアド・リアリティが情動的熱狂とともに形成されるや否や——今度は政権ですらその世論を押し止められなくなる。どちらかと言えば開戦回避、あるいは少なくとも延期を是としたはずの時の政権（第三次近衛内閣）が崩壊し、後を受けて当初開戦に慎重だったとされる政権（東条内閣）も、強行な軍部と過熱した世論に押し出される形で宣戦布告を余儀なくされる。そういう権力と世論との奇怪な構造を見て取ることができます。こうした権力と大衆との（マスコミを介した）双方向の相互作用こそが、問題の本質だったと思われます。

個々人の心理リアリティが世論の誘導などを通して「共有され」シェアド・リアリティとなると、

それが政治の実態リアリティをも動かし、誘導した当の権力でさえも抑えきれない力となる。そういうことです。

シェアド・リアリティとなって実態を変える――中国の政治状況を例に

似た意味でもう少し現代的な事例で言うと、最近の中国の政権による世論操作が挙げられます。

たとえば二〇〇〇年、二〇〇五年と周期的に起きていた抗日デモですが、二〇一二年の国恥日（柳条湖事件勃発の九月一八日）を機に再び中国各地の大都市を席巻。かつてない盛り上がりを見せ、日本企業や日本食レストランなどが襲われました。政府からの通達で予定された日時に行動が起き、またトップダウンで沈静化したことから、政権による世論操作が疑われます。

これらは、政権当局が意図して促進したシェアド・リアリティの形成です。しかし反面で、そうして過熱した庶民の反日感情＝シェアド・リアリティに歯止めをかけようとして、なかなか思うに任せない事態も起きています。中国政府は元来、日中戦争での「極悪な日本人」を懲らしめる抗日ドラマを奨励してきました。しかしその粗製濫造で、あまりにも現実とかけ離れた荒唐無稽なストーリーが目に余る事態となりました。後になって（二〇一三年五月）、共産党と政府がついにその制作を自粛するように通達を出すという珍事がありました。これなども、もともと誘導したはずの世論が過熱しすぎてブレーキを引くのに苦労している、そのあらわれと受け取ることができます。

また二〇一一年七月に中国温州で起きた新幹線の列車転覆事故の際には、当局者が検証もろくにせずに、慌てて事故列車を地中に埋めてしまったといいます。しかし被害者遺族の怒りがインターネット世論に火をつけ、共有されると、当局も抑えきれず、再発掘・調査を余儀なくされました。

反日政策をはじめ、自分たちの都合のいいように世論を誘導して、初めはうまくいく。ところがあるところから歯止めが効かなくなって、今度は後ずさりしようとしながらも、より過激な方向へと世論に押し出されてしまう。二〇一〇年代の中国の政治状況は、おおよそこのような観点から見ることができます。またこれは韓国の話ですが、二〇一八年五月、釜山の日本総領事館前に徴用工像を設置しようとした市民団体を「韓国政府・警察が実力で阻止」ということがニュースになり、これも「後ずさり」する政府が、より過激な方向へと世論に「押し出されてしまう」という構図を想起させました。反日世論の誘導と、国民の反日感情の行き過ぎといった点では、韓国にも長い歴史的経緯があります。この数年はいよいよ、「反日」リアリティに歯止めがかかりません。

誘導された世論をバネに歪んだ心理リアリティが構築・共有されると、もう後戻りはできない。そういうことです。最初は意図的に心理リアリティの共有＝シェアド・リアリティを促進した当局ですら、あるところから歯止めをかけられなくなる。情報統制が危険である本質的な理由も、実はここにあります。

経済のバブルやその崩壊などは、むしろもっとわかりやすい例と言えるかもしれません。「好景気」「まだまだ儲かる」というシェアド・リアリティが成立している限りは、株価は上がり続けます。しかし、あまり上昇しすぎると、実態経済（＝実態リアリティ）との乖離が大きくなります。やがて先行き不安から動揺が広がると、株価の乱高下→不安の増幅→一部の売り逃げ→株価の急降下→パニック状態での売り殺到、というお決まりの道をたどることになるわけです。

2 シェアド・リアリティを歪める要因

心理リアリティの実態リアリティからの乖離、それがあまりに大きくなるとカタストロフィ（破滅、大惨事）の原因となります。バブル崩壊に見るように、一面においてカタストロフィとは、その乖離を一気に解消する揺り戻しのようなものと言えるでしょう。

ここでは、以下の三つの要因からシェアド・リアリティが歪められ、カタストロフィを起こしうることを指摘します。しかしそれでも人々は「遠い将来の巨大なリスクを過小評価する」。この点についても注意を向けましょう。

(1) コミットメントの深さ（世論と為政者・当事者）
(2) 失敗によるさらなる乖離（コミットメントの増大や認知的不協和、自己正当化とも関連）
(3) ロス・チェイス（損失を取り戻そうとする強い傾向）

一九七〇年代以降日本では、政府や電力会社の原発「平和利用」「安全」キャンペーンで世論が原発建設賛成へと傾いていきました。「核の平和利用」「原発立国」のシェアド・リアリティが誘導され、形成されたことは明らかです。

このような原発の安全神話に至る世論の誘導を、先に述べた第二次世界大戦前・戦中の大本営主導の世論誘導と、直接比較することはできません。歴史的な意義も規模も（直接の死者数も）全然違うからです。それでもなお、世論がすばやく形成される過程、その結果、国家の方針がいっそう前に「押し出される」過程、さらにその結果、権力やメディアがいざというときに信頼を失う過程などは、心理学的な観点から見て似ているといえるのではないでしょうか。以下、順を追って見ていきましょう。

◎コミットメントの深さがシェアド・リアリティを頑健にする

ここで注目したいのが、（先ほど述べた「シェアド・リアリティを歪める三要因」の一番目ですが）「コミットメント（＝関与、関心）の度合い」という点です。まず、国民の大多数はそのような（原発安全キャンペーンを聞き流し、あるいは横目で見ていたにすぎません。大多数の国民はコミットメントの度合いが低かったのです。皮肉なことに、ヒトは意識的なレベルよりもサブリミナルな意識に上らないレベルで、より価値観や行動に影響を受けやすい存在です。だからこういった心理的関心（コミットメント）が低いときにこそ、シェアド・リアリティは誘導されやすいのです。

だから、安全度について「世間の通り相場」を作り上げるのは、政府・電力会社にとって案外簡単だったのではないか、と想像します。マスコミや左翼陣営までが事実上、「核の安全利用」に加担したわけですから。

しかし同時に、というより「だからこそ」福島第一原発の事故で信頼を失うのも早かったのです。

というのも、「安全神話」というシェアド・リアリティが誘導されたと言っても、人々のコミットメント＝心理的関与は未だに低く、ずっと影響を受けやすい、「一事あればコロッと変わる」状態に留まっていたと考えられるからです。

さて、原発をめぐる状況で特異的だったのは、世論側のコミットメントの浅さと、為政者・当事者側のコミットメントの深さとが、両面的に作用した点です。これまでは主にコミットメントが浅い場合を見てきたわけですが、それが深いとき人々の知覚や判断がどうなるのか、私たちによい練習問題を提供しています。

世間の常識から言えば、「人は失敗から学ぶ」のが普通でしょう。事実、原発について言えば、「無謬の安全性」を疑わしめる小事故は、過去にもたくさんあったわけです。しかしすでに「原発推進」に深くコミットしていた為政者側・当事者側は、「反省し、原発推進の方向そのものに慎重になる」という方向には向かいませんでした。むしろ小さな失敗によって、当時者たちのコミットメントはかえって深まり、すでに実態リアリティから乖離したシェアド・リアリティを、さらに上塗りし堅持する方向に作用しました。

つまり、コミットメントが深い場合には特に、失敗によってシェアド・リアリティが実態リアリティに揺り戻るのを妨げるばかりか、乖離を広げ不動のものとするのです。図式的に言えば、①失敗↓②コミットメント増大↓③判断がさらに歪む、という流れとなります。これはヒトの認知の本性であって「政府・東電が自己中心的な悪者だった（かどうか）」とは、別問題です（悪者じゃなかった、とも言いませんが）。次にこのあたりをもう少し具体的に見ていきましょう。

失敗によってシェアド・リアリティがさらに乖離する

「シェアド・リアリティを歪める三要因」の二番目は、失敗によるさらなる乖離です。

(1) 失敗によるコミットメントの増大

3・11以降のニュースの中で、多くの人々が疑問に思ったことがあります。あれほどの過酷事故を経験しながら、当局者たちが自分たちの過失や原発の危険性をなかなか認めなかったのはなぜなのか。あれほど未曾有の国家的危機を経験し、原発の脆弱性や危機管理の不備に明白な証拠を突きつけられたにもかかわらず、と。

これに対する普通の答えは、「原子力ムラ」などと揶揄されるとおり、原子力エネルギーをめぐる巨大な利権集団のようなものがあって、「自分たちの既得権益を失いたくなかったから」という考えでしょう（悪者説）。もちろんこれが間違っているとは言いませんが、先ほど導入した「コミットメント（関与）」というキーワードを使って、全く別の角度から分析することもできます。「失敗によるコミットメントの増大」という観点から、原発をはじめとする現代社会特有の問題を見ていくことには、大きなメリットがあります。それはひとことで言って、事象の原因を（悪者説を採らないで）ヒトの認知のより根深い本性から理解し、それによって進むべき方向性に示唆を与えうる点です。

あの事故の後、「あれほどの大事故でも、現に人は死ななかったではないか」「だから（今回の事故を反省して事に当たれば）今後の原発はいっそう安全」という議論が賛成の立場から出てきました。私は「そうだろう」と思いました。「そうだろう」というのは（「同意」という意味ではなく、また「なんという牽強付会」というのとも違って）「確かに、あれほど言い訳の余地のない過酷事故であっても、立場によって証拠の意味することは変わるだろう」という意味です。

この点でも再び、第二次世界大戦中の為政者たちの行動が参考になります。大戦の後半、目を覆うような敗勢にもかかわらず、彼らはなぜ降伏を認めようとしなかったのか。もちろん自分たちの責任問題になるから、というのが歴史的な解答でしょうが、同じことを心理学的な角度から見ると、次の三点を指摘できます。

(1) ある立場を強く繰り返し主張するほど（深くコミットしているほど）、失敗に対する態度が、よりその選択に深入り（コミット）する方向へ進む。

(2) 失敗が大きく、せっぱ詰まるほど、立場を修正することが難しくなる。

(3) そしてこうした場合には、自分に不利な証拠はなるべく見ないようにして、有利な証拠だけに注目する。あるいは「証拠」というのは（先ほども述べたとおり）もともと解釈に曖昧性があるので、有利な解釈のほうにしがみつく。そうやって自分の態度と整合性を保つほうを、無意識に選ぶ。

つまり端的に述べれば、時の権力者たちは「利己的で保身的だったから」というよりも（それはそれで当たっていたでしょうが）、戦争に深くコミットしてしまっているので、完全な負け戦も望みのある（少なくとも互角の和平に持ち込める）戦いに見えていたのではないか、そのほうが自己の認知や立場の首尾一貫性を保てるから。そういうことです（2章でも触れましたが、ヒトは「見たいものしか見えない」のです）。特に大きな危機に直面してのパニック状況（せっぱ詰まる状況）では、知覚や行動そのものが望むほうに歪んでしまう、それも無意識に「閉ざされ強化」されてしまう、と考えるべき証拠があります（これについては、本章の後半で触れます）。

すでに述べたように、「失敗によるコミットメントの増大」という観点から、原発をはじめとする現代社会特有の問題を見ていくことで、悪者説を採らずに事態をより深く理解できると思います。それによって次の対策・対応も原理的に変わりうるはずです。再三繰り返すように、関係者や為政者の単なる保身や「原子力ムラを作って私腹を肥やした」というのは、結果の一面という意味では正しくとも、遡って事柄の本質的な原因だったとは言えないと思うのです。妙な喩えですが、部屋が湿っていて、カビが発生した場合を考えてください。「カビは体に悪いから悪者だ」といくら非難してカビを拭い取っても（それ自体は完全に正しいのですが）、湿った部屋がそのままではカビはまた出てくる。言うまでもなく「湿った部屋」の構造そのものを問題にしなければならないわけです。そしてここで言う構造とは、ヒトの潜在認知とシェアド・リアリティの仕組み、またそれに対する社会制度のありようのことだと私は考えます。

(2) 失敗によるコミットメント増大の背後にあるもの

では、失敗によるコミットメント増大は、そもそも何によって起きるのでしょうか。また、どういう条件の下で起きるのでしょうか。ここでかいつまんでこれらの点に触れておきます。

一つの解釈として、ヒトは失敗すると「その行為を起こした責任感から、自己正当化の動機が生じる」という可能性があります（Staw, 1976）。これは素人にも直感的に納得しやすい話ですよね。ただこのように責任感と言うと、動機は社会的なものということになります。しかし別の立場として、社会的・公共的な場でなくても、ヒトはいずれにせよ自分の行為を正当化したい気持ちがある、という考え方もありえます。このように、動機を社会的なものと見るかそれから独立したものと見るかで、立場が分かれるわけです。

ボボセルとメイヤーは、心理学の一般知識テストを遂行する課題を設定し、参加者をグループ間で競争させせました（Bobocel & Meyer, 1994）。その際に四通りのストラテジーがあり（その内容は関係ないのでここでは触れませんが）、グループ内で相談してどれか一つを選ばせました。結果が出た後、選んだストラテジーが良かったか、悪かったのかを反省・判断してもらいます。たとえば、別のストラテジーを採ったあちらのチームに負けてしまった、といった状況で、正当化を求められる条件と求められない条件を作ったのです。そのうえさらに、その正当化をみんなが聴いているような公共場面と、誰も聴いてはおらず自分で個人的に行う私的場面を設けました。つまり「2（正当化を求める／求めない）×2（公共／個人）」のデザインで、ストラテジー選択の持続度（反復度）を比較したのです。ここで（失敗下にもかかわらず）同じストラテジーを選択するということは「さらなるコミットメント」（原発の例で言えば、原発の再稼働に再びコミットするということ）になるわけです。このようにストラテジーが持続され、選択が反復されるためには、行為だけではなくその正当化が必要であることが、この実験結果からわかりました。

つまり行為（選択）をしただけではダメで、それを正当化する機会がなければ、さらなるコミットメントは起きないということです。ただし（やや意外なことに）、その正当化に公共の場面は必要ではありませんでした。誰もいないところで、選んだ理由を自分ひとりで書かせた場合でも、コミットメントは生じたのです。自分（だけ）に対する自己正当化と、自分の所属グループに対する社会的な動機に基づく自己正当化とが、質的に同じ効果を持ったということになります。

(3) 認知的不協和の解消か、選択正当化か

この失敗によるコミットメント増大は、社会心理学の文脈でごく大雑把に言うと、「認知的不協和」とか「選択正当化」などとも近縁の関係にあります。

認知的不協和というのは、社会心理学の教科書に載っている定番の概念ですから、聞いたことがあるという人も多いでしょう。フェスティンガーが一九五七年に発表した有名な実験では、参加者が退屈極まりない作業に従事させられます。ボードにペグを並べて挿していき、それが終わると今度はそれを外していくという、無意味であることが明らかな作業です。報酬に二〇ドルもらう群と一ドルだけもらう群があり、一ドル群のほうがかえって、その作業をより面白いと評価しました。ただ、それほど退屈ではない作業だと、そういう結果は出ないのです。

認知的不協和の概念は、その（一見）直観に反する見事な実験結果で有名になりましたが、実社会でも例を探すことができます。たとえば喫煙者は、「たばこは必ずしも健康に悪くない」という情報

を探して、自らそれに接触したがる強い傾向があります。ちょっとWEB上で探してみたところ、実際に「愛煙家通信」というサイトがあり、有名な文化人らの「タバコ増税はナチスと同じ禁煙ファシズムだ！」などという記事があったりします。そこを訪れる人には圧倒的に愛煙家が多いはずです。彼らのこころには「自分が実際に喫煙している」事実と、それとは別の知識として「たばこは体に悪い」という認識とがある。その両者の間に不快な不協和があり、それを解消しようとする無意識の動機が強い。そのように解釈できるのです。

またよくある話として、オーディオや家電など、すでに買ってしまった商品のカタログをなぜか読み漁っている、という経験は皆さんにないでしょうか。私自身もけっこうやってしまいます。普通に考えると、買う前ならいざ知らず、もう買ってしまった商品について、なぜそんな馬鹿げたことをするのかと思ってしまうでしょう。これも結局、自分の行為を正当化したいという動機からくるものと思われます。とりわけ、購入したのにどうも思ったほどよくない製品だったのでは、という不安があることが多いようです。つまりは、認知的不協和が生じているのです。それを解消しようとして、なんとかよいところ見つけようとしたり、カタログを一生懸命に読み、オプションでこういう機能を追加できるなどということを見つけて安心したり喜んだりする。こういうケースもまた、認知的不協和の考えで解釈できます。

ただし最近の研究動向としては、認知的不協和の考えそれ自体は、あまり評判がよくないようです。何が問題かというと、たとえばフェスティンガーの最初の考えでは、自分の行為や選択（たとえばある仕事を行ったこと）とそれに関する評価・判断（「退屈」）との間に、矛盾＝葛藤、不協和があることが、その評価や判断の変わる必要条件だとされていました。しかし最近の実験結果では、そのような不協和は必ずしも不要なのではないか、それよりは自分のすでになした行為（選択）をなんにせよ後付けで正当化する動機（＝選択の正当化〔choice justification〕）のほうがより的を得た解釈で、またより広い範囲の実験結果を説明できる、ということのようです（たとえば、Imada & Kitayama, 2010）。つまり個人のこころの中にコンフリクト（矛盾、葛藤）があってもなくても、自分で選択すれば正当化が起きるということです。

そしてこの選択正当化のほうが、（認知的不協和と比較して）より直接的に「失敗によるコミットメントの増大」も説明できる。そのようにも言えます（選択への正当化の動機が、より強く働くから）。また認知的不協和をめぐっては、文化差や、同じ文化であっても社会的な文脈（＝誰に囲まれているか、見られているか）によって選択が変わるなど、いろいろ複雑な問題があるようですが、脇道に逸れてしまうので、ここでは深入りしません。

信じられないような損失でも、為政者はなぜ方針転換できないのか、先にこの問いを立て、第二次世界大戦中の日本の為政者と原発推進に携わった関係者を比較しました。この問いに対する、煎じ詰めた答えがこれです。そしてコミットメントがすでにより深いほど、さらに失敗を重ねたときにさらにコミットメントが深まる、つまり自己の判断ミスを認めるよりは、逆に正当性を主張する方向に偏っていきます。

◎ロス・チェイス

さて、本節の冒頭で述べた「シェアド・リアリティを歪める三要因」の最後のものが、ロス・チェイスと言われる異常な心理状態です。「心理リアリティがねじ曲げられたまま元に戻らない」わかりやすいもう一つの例として、たとえばギャンブラーの「ロス・チェイス」の性向を挙げることができます。（2章で簡単に紹介しましたが、ここで復習すると）ロス・チェイスというのは、つまり「損失の確定を回避する傾向」のことです。ギャンブルで少し負けたときに、健常な人なら「傷が深くならないうちに、今日はこのへんでやめておこう」となるのに、ギャンブル中毒者は損失を認めたくない気持ちが強い。言い換えると、損失を確定したくない。実際そこで賭けをやめると、その日の負けが確定してしまうわけですから。負けを挽回するためというよりは、負けの確定を避けるために賭け続ける。そういう心理です。

私が見聞した別の例で、こんなケースもあります。米国では日曜の朝によくキリスト教原理主義者（エヴァンジェリスタ）の「教会番組」が放送され、その司会者たちはちょっとした有名人です。あるとき、そのもっとも有名だったひとりが幼児性的虐待で告発され、罪を認めました。これでその番組も終わり、彼のキャリアも終わり、番組が毎週集める巨額の寄付金もそこで打ち止め。こう予測するのが普通でしょう。ところが実際にはこれと逆のことが起こりました。この司会者は番組で涙を浮かべて謝罪し（またはその演技をし？　もしくは本人もそのどちらかわからず？）、その効果か、視聴率も寄付金もなんと増加したというのです（実はこれに類することが、欧米の宗教界では繰り返し起きています）。寄付してきた信者たちは、裏切られた、騙された、浄財をドブに捨てたようなもの、とは考えなかったのでしょうか。瞬間的にはそう考えたかもしれません。しかし、彼らの多くが募金をやめなかったばかりか、むしろより大きい額を献金したのはなぜなのか。全く非論理的で不合理に見えるそうした行動は、「自らの判断の誤りを認めたくない、確定させたくない」という潜在心理を前提に考えれば、納得できます。彼らはむしろ、無意識裡に自らの判断の正しさを「証明する」ために、さらに大きな献金をした。それほど、自らの判断と行為の整合性を保つことは、人間にとって重要なのでしょう。

心理学や精神医学の教科書では普通、ロス・チェイスはあくまでも個人の心理リアリティの歪みとして扱われます。たとえば（2章で述べた）ギャンブル中毒にしても、あくまでも個人の精神病理として扱われるわけです。ただ戦時中の軍部の行動に見るように、そうした個人の心理リアリティの歪みが「共有され」「深くコミットされ」ると、社会全体が誤った方向に一気に突き進んでしまいます。この点は、次節で掘り下げます。

こんなにしつこくさまざまな例を挙げるまでもなかったかもしれません。ただこの世には、一見「不合理」で「理解不能」に見える行為がはびこっている。しかもそれは一個人の消費行動や社会現象だけではなく、為政者・権力者の心理までを貫く大傾向であるらしい。そしてそれらは大まかに「選択の正当化」、特に「失敗によるコミットメント増大」の枠組みで理解することができる。その歪んだ心理リアリティが共有されてシェアド・リアリティになってしまうと、社会全体の大きな過誤につながる。そのようなことを強調したかったのです。

ここで例示したように、為政者側・当事者側の「失敗によるコミットメントの増大」は、すでに実態リアリティから乖離したシェアド・リアリティを、さらに上塗りし堅持する方向に作用します。つまり、失敗によってシェアド・リアリティが実態リアリティに揺り戻るのを妨げるのです。

これを3・11福島第一原発の事故にあてはめると、為政者や専門家は破局的事故を見ても、立場を変えられないということです。政治家といい、電力会社といい、原子力の専門家といっても、しょせんは人間のやることです。一度形成された安全神話はなかなか破棄されない。関係者の保身やお金がない（たとえば、廃炉は大きな財政損失と経営危機につながる）というのも理由の一面ではありますが、それよりも心理リアリティが共有されることでますます自己補完的に強化される。そこに、これまで述べてきた「シェアド・リアリティを歪める三要因」が働いたはずだ、ということです。こういうより本質的な心理的原因を見落とすと、性懲りなくまた同じことを繰り返す恐れがある。そのように考えます。

終戦直前の場面で言うと、広島に原爆が落ちる直前、米軍側のその指令は日本側によってある程度解読され、大本営にもその情報は上がっていたそうです。しかしその情報は秘匿され、住民の避難などには活かされませんでした。ましてやその三日後の長崎への原爆投下について言えば、広島の経験がすでにあるわけですから、大本営はかなりの確度で予測もできたし、多くの住民を救うことができたはずなのに、あえて何もしなかった。その結果、被爆後五年間で、（資料にもよりますが、死者・行方不明者を合わせて）広島で二〇万人、長崎で一四万人といわれる人々が犠牲となりました。これもごく大雑把な心理として言えば、コミットメントが深すぎ、共有されすぎていて急激な方向転換ができなかったと考えられます。

これに似たケースを原発事故の事例で探すと、浪江町民の避難方向をめぐる話が有名です（1章でも触れましたが）。文科省が持っていたはずの風向きに基づく放射能拡散のシミュレーターによる予測情報を、地元自治体や住民に伝えることを怠りました。その結果、浪江町民は結果的に拡散の方向（北西）に逃げてしまい、幼児を含む多数が被曝しました。しかも、この事実そのものも、当初日本では大きく報道されず、海外メディア（特に『ニューヨーク・タイムズ』の特派員による署名記事）によって明らかになったのです。「似たケース」と言ったのは、広島原爆と同様、為政者は知っていたはずなのに「一刻も早く住民に知らせることで被害を最小限に食い止める」という方向に、とっさの判断が至らなかった点です。

このどちらのケースについても、重大な事態であるほど、「不確かな情報だったから」は言い訳にはならないはずです。「もし本当だったらもたらされる災厄」が巨大であればあるほど、不確かでも事前に予測できたなら対処するのが当たり前でしょう。

ヒトは、損失、危険、不確実性を認めたがらない傾向が強い。これは認知神経科学の鉄則で、健常なヒトならすべて多かれ少なかれ、この傾向を持っています。ただその傾向は（特に将来の危険に対しては）心理リアリティを実態リアリティからますます乖離させることがあるわけです。そのうえそれが共有されシェアド・リアリティになってしまうと、実態にまで影響が出てくる（たとえば安全神話が信じられ、危機管理がおろそかになる）。だからこれらのケース（原爆や原発）は乖離がオーケーとはとうてい言えないケースなのです。その意味で、先（3章）に述べたプロスポーツのラッキーボーイとは本質的に違います。

さてこの章のここまでは、個人の心理リアリティが共有されてシェアド・リアリティとなる過程でいくつかの要因が働いて、そのシェアド・リアリティが歪む。そういう話でした。ここから話を進めて、そうした心理／シェアド・リアリティを閉じ、さらに強化するメカニズムは何なのか、それを問題にします。この「閉じ、強化するメカニズム」は、見聞きする知覚のレベルからすでに始まっている。そういう観点でまず、「ヒトは自分の見たいものしか見（え）ない」という主張を肉付けていきます。

3　リアリティを閉じ、強化するメカニズム

明白なサインが目に入らない？

「シェアド・リアリティ」としてこれまで強調してきたのは、不確実性を認めにくい性質の脳を有する私たちがコミュニケーションすることで、そうした脳の性質に社会的な相互補強が起きるという

ことです。つまり、相互補強が起きて整合性が保たれてしまうと、ものすごく強固なネットワークになり、簡単には崩れなくなります。これが「シェアド・リアリティ」と名付けたもののより精密な正体であり、原発安全神話の正体だ、と言いたいのです。このようにして共有された心理リアリティは強力な整合性を持つから、一回事故が起きたぐらいでは、立場は変わらない。またこうした心理リアリティがいったん成立してしまうと、自己完結的なループに入り、真の危険の信号があっても見えなくなってしまう、いわばこころの盲点に入ってしまう。逆に安全性の証拠と見なされるものだけが取り上げられ、解釈される。そのようになってしまうわけです。

　某全国紙の論説委員から直接聞いた話ですが、福島第一原発の事故の後、社の内部で論争があった。経済部門の記者が言うには、人の命も大事だけれど日本の経済が崩壊することの危機のほうが大変だ、ということだった。あれほど国の半分が破滅しかねない危機自体を経験したのに、なんと鈍感なのかと、驚いた。そういう話でした。彼らが言う「日本の経済が崩壊する危機」というのはシミュレーション上のことでよくわからない、はっきりしない不確定なことだ。これに対して福島第一原発の事故と未曾有の危機は、本当に起きて目の当たりにしたことなのに、なぜ立場が変わらないのか信じられない。この解説委員はそのように述懐していました。その疑問に対する答えがこれ、つまり縦横にがんじがらめに縛られた整合性の塊、なのです。縦横と言ったのは、まず似た偏りを持った脳が横並びにあって、それが世論や制度として縦に組み上がってしまうと、ますます増幅され堅固になってしまう――そういうニュアンスです。

明白な危険のサインが、明白な危険のサインとして目に入らない。(2章でも強調したように) ヒトは見たいものしか見えないのです。福島第一原発の事故のように原発の危険性の明白な証拠と見える事象ですら、立場によっては「あれだけの大事故でも、直接死んだ人はひとりもいなかったではないか」「だから原発は安全」となってしまいます。さらに困るのは、安全キャンペーンに騙されないといっても、情報と選択態度の間に正のフィードバックのループがあるために、情報のおおもとを押さえられてしまうと、そう簡単には抵抗できない。また、もともと「安全を求める」「安全を信じたい」内的な欲求があるために、後からその信念を壊すのは難しいのです。

そのうえでもう一点付け足したいのは、心理リアリティがこのように社会的な整合性を持ってしまうと、(2章でも指摘したとおり) 今後起きうることへの「想像力」にも大きな偏りや限界が生じるだろうということです。

ここで繰り返し触れてきた「ロス・チェイス (損失回避傾向)」も効いてきます。先ほど、次のように書きました。

ロス・チェイスはあくまでも個人の心理リアリティの歪みとして扱われます。たとえば (2章で述べた) ギャンブル中毒にしても、あくまでも個人の精神病理として扱われるわけです。ただ戦時中の軍部の行動に見るように、そうした個人の心理リアリティの歪みが共有され、深くコミットされると、社会全体が誤った方向に一気に突き進んでしまいます。

さて、俗に「原子力ムラ」と呼ばれるものにも、これに類する集団力学が働くのではないでしょうか。コミットメントの深さから、実態から乖離した「安全神話」のリアリティを共有し、事故後も「いや、事故に学んだからこれからは絶対的に安全」と、共通にロス・チェイスする、そういう集団のことなのではないか。「シェアド・リアリティを歪める要因」としてあえて取り上げたゆえんです。

現代の社会システムの欠陥

少し話が広がりすぎるかもしれませんが一般論としても、現代社会の諸システムは、ヒトの認知の限界を考慮していないのではないでしょうか。

原発を超える一般性を示すために、この点に関して一つだけ手短かに例を挙げておきます。「ワーキングメモリ」という概念が心理学にはあります。「作業記憶」と訳しますが、今やっている仕事（課題）に直接必要な「ホットな記憶」のことです。

人間の記憶容量を見ると、特にこの作業記憶は容量が非常に限られています。ところが、今の世の中、パスワードによるセキュリティということがありますが、セキュリティの専門家に言わせると、一つのパスワードをあちこちで使い回すことはもっとも危険だからやめるべきだそうです。なるべくいろいろなパスワードを使うようにということですが、そんなこと言われても覚えきれない。あるサイトのメンバーシップについてはこのパスワードで、別の銀行のアカウントについてはこのパスワードで……というように、パスワードそのものだけでなく、それがどのサイトに何のアクセスのためかまで覚えなければなりません。挙句にはパスワードの対応表をどこかにメモしてセーブすることになりますが、すると今度はそのセキュリティをどうするのかという問題が生じる。つまりセキュリティのイタチごっこが起きてしまうのです。なぜこのようなことが起きるのかを考えると、現代の技術進歩がセキュリティシステムを大きく変えたが、ヒトの認知に特有のクセの限界を考慮していないから、と言えると思います。

こうした心理機制（認知の限界）と社会制度の間の「齟齬《そご》による欠陥問題」が一般に広がっているとすると、原発はその特異な突出した例と見ることができます。個人の脳が持っているバイアスに対して、それをセーフティネットで（サーカスで言えば綱渡りをするときに下にある落下防止ネットのようにして）拾い上げるのが、もともと社会システムの役割のはずです。それなのに、社会システムを設計する段階で誰もそういうことを考えていない。その結果、人間の「認知バイアス」がむしろ増幅される方向でしか、社会システムが設計されていないと感じられるのです（増幅というのは、リアリティが共有されることによる面と、社会制度に反映される面の両方を指しています）。

「便りのないのは良い便り」か——馴れが緩みを拡大する

もう一点、原発の安全管理がどうしておろそかになったかを「ヒトの認知の本性」から見るときに、触れなくてはならないことがあります。それは端的に、馴れが緩みを拡大するという点です。ヒトだけでなく動物に共通のこの根源的な傾向が、心理リアリティからシェアド・リアリティが乖離することをさらに促し、突発的に危機に対する油断を生じさせるのです。実際、何かを監視する課題で、ごく稀にしか出現しない危険信号は見落とされやすいことがわかっています（Wolfe et al., 2005）。これが空港などのセキュリティで問題となります（Wolfe et al., 2013）。

少し話が飛びますが「ガルシア効果」と呼ばれる効果が、動物の学習で知られています。ひとことで言えば、毒についての「一発学習」です。動物は新奇なモノを食べて具合が悪くなると、たった一度の経験でも二度と手を出さなくなります。極端な場合、毒をカプセルに入れるなどして、効果を丸一日遅らせても、いったん苦しみを味わうと、二度と（直前に食べたものではなく、二四時間前に食べたものであっても）その食べ物には手を出さなくなります。

そのメカニズムは今でも謎ですが、もっとも有力な説はこうです。普段の食べ物では「食べても病気にならない」ことが、それ自体報酬として繰り返し学習されている。まさに「便りのないのは良い便り（No news is good news）」というわけです。そこで稀に珍しい食べ物を食べて病気になると、正しくそれに原因を帰すことができるのです。

原発の安全管理に話を戻すと、馴れで手続きが慣例化する中、この「便りのないのは良い便り」現象が起きていなかったかどうか。つまり「これまでのやり方で、何も事故は起きなかったのだから（このままでいい）」。そういう心理が働かなかったか、と。

そういう意味では、原発事故はスペースシャトルの事故やいくつかの鉄道事故など、人為によって生じたとされる惨事と比較できます（下條、二〇一一年b）。「便り（＝事故）のないのは良い便り」で「緩み」が学ばれてしまう。

厳密には安全規定違反だが、何も起きなかった。経営状態が悪いので延期したが、問題なかった。なに、もともと安全の限度には余裕があるはずだ、等々。この流れに歯止めをかける強い制約は、残念ながら見当たりません。カタストロフィ（破局）に達するまで、この緩みは進んでしまうのです。そしてこの「馴れから緩む」側面についても、心理リアリティが実態（の危険度）から乖離し、しかもそれが現場担当者や会社の中で共有されてシェアド・リアリティとなる。ひいてはそれが安全管理の（裏）マニュアルや慣習にまで反映され、いよいよ実態からの乖離＝カタストロフィに至るポテンシャルを蓄積する。そういうこれまでと共通の流れがあることを忘れないでください。

さてこれまでこの本は、原発を中心に、安全管理など社会の大きなシステムや制度が、ヒトの認知の本性を顧慮してデザインされていないのではないか、これではブラック・スワン（＝「想定外」のカタストロフィ）を防げないのではないか——そういうトーンで書いてきました。「あまりに救いがない」「いったいどうすればいいのか」という読者の声が聞こえそうです。そこで次の最終章では、（正直、私の専門性から大きく逸脱してしまうのですが）何か解決に向かう道はないのか、それを全力で探求してみたいと思います。

5章

カタストロフィをどう回避するのか

ここまで、2、3、4章とヒトのこころの限界（認知バイアスや危機における情動・行動の特徴）、実態と乖離する「心理リアリティ」、実態をも動かす「シェアド・リアリティ」について述べてきました。そして、これまでの章での分析から、私たち個人の認知機能と社会システムとの間に大きな乖離があることを示せたと思います。言い換えれば、社会制度がヒトの認知機能の「癖」や「バイアス」を考慮せずに構築された結果、セーフティネットの役割を果たせていない。それどころか社会全体が、脳の病理を増幅した形で患っているようにさえ見える。現代社会はそういう意味で大きな危機に直面している、という見方を提起したのです。

さて、では私たちは、そして現代社会は、どうすればいいのでしょうか。ブラック・スワンは想定外だから、全くお手上げなのでしょうか。この最終章はせめて現代社会の進むべき方向性を示し、建設的なヒントとなりうるいくつかのポイントを介して未来への希望をつなぐ章にしたいと思います。

最初のとっかかりはごく自然に、まず「備えることはできるのか」。この素朴な問いから入ります。

1　備えることはできるのか

○習熟が必要

まず一つ確かなのは、危機管理マニュアルを充実させ、法令を整備しても、それだけでは意味がないということです。(すでに2章でも述べたように) 危機的状況への対応には過剰なまでの習熟が必要で、そうでないならマニュアルも法令も役には立ちません (この点は、政府事故調査委員会の畑村委員長が報告書で強調されていて、私も賛成します)。過剰な習熟が必要な理由もすでに繰り返し述べたとおりで、危機に直面したときの反射的な行動は、多くの場合、危機の場面に適切でないからです。それをより適切な行動に置き換えるには、その行動そのものを反射的にするまでの習熟が必要だからです。

パニック時の行動の適応性

第二に、そのように過剰な習熟を仮にしたとしても (それ自体がそもそも、現実の経済的・時間的な制約の中では不可能に近いのでしょうが)、それでもまだ十分ではないかもしれない。その理由は、これもすでに述べたことですが、パニック行動の定型性が、パニック時に要求される行動の適応性 (=状況に応じた柔軟で素早い対応、何が適切かわからない情報不足の中での最適の決断) と正面から矛盾するからです。

それでも備えられない?――ブラック・スワン

このような考えに対して、ベテランの科学記者から、次のような疑問を提起されたことがあります。つまり「今、日本のマスコミ・世論の論調としては、東電があまりにも安全管理をおこたっていた。もっと徹底的に非常事態のシミュレーション、対応の習熟に普段から努めなければ次も危ない、というあたりにコンセンサスがある。ところが下條さん (私) は、それでもダメだと言われるのか?」と。

これに対する答えも、上記の二点に尽きています。つまり、原発が現に（数え方によるが、二〇一九年現在）五五基以上も日本に存在し、そのうち数基が次々と再稼働している現状を踏まえて、今何ができるかという問題。そして、思いつく限りの対策をしたとして本当に十分なのか、そもそも原発の安全管理そのものが人間の手に余るのではないかという、より巨視的な観点、の二つです。

（これも2章で触れたことですが）あの福島第一原発の事故をXとすると、X′（つまりそれに類する過酷事故）がいずれ起きると考えられる。その「ダッシュ（′）」が何かがわからない。想定外の部分です。たとえば運悪く大きな国際イベントがあり多くの人が集まっているかもしれないし、大きな台風のような別の災害と重なることもありうる。もっとありそうなのは、ネズミが配線か何かを齧《かじ》ったというような、よくわからないちょっとしたことが起きて、今まで備えていた危機対策が水泡に帰するということもありうる。これが想定外という意味です。そのうえに「型にはまったことしかとっさにはできない」という側面があるから、万全を期してもまだダメかもしれない。

これを踏まえて、カタストロフィを回避するには、結局私たちはどうすればいいのか。また、より望ましい社会とはどのような社会なのか。そうした点について、この最終章では指針を得たいのです。それによってこの本が、原発など個別の応用問題を認知機能の基礎問題とつなげる役割を果たすだけでなく、普遍的なメッセージを発することになれば理想的です。

そのためにはまず、すでに解明されていることとこれから解明しなければならないことを明確にしなければなりません。とりわけ分野を超えて、すでに解明されていることを社会制度に応用する視点が必要になります。

言うまでもなくこれは私の手に（そして誰の手にも）余る大問題なわけですが、二つの方向性をヒントとして提起できると考えています。その一つは「仲間意識」をめぐる心理的な方向、そしてもう一つはより頑健な（＝柔軟で想定外に強い）社会システムを作るうえで生命システムのロバストネス（頑健さ）に注意を向ける方向です。この順に見ていきましょう。

暗黙知と社会の相互作用の力に働きかけ、また生物の可塑性に学ぶことで、原発のような大災害を避けることだけでなく、より広く望ましい社会システム設計の指針まで得られるのではないか。いささか大風呂敷かもしれませんが、これが私の切望するところです。

2 誰を仲間と見なすかによって判断・良心は変わる

◎核廃棄物の貯蔵、原発の海外輸出など

ものごとは、誰を味方と考えるか、誰を自分の仲間と考えるか、自分がどの社会集団に所属していると考えるかによって、ずいぶん見え方が違ってきます。当然、価値計算が違ってくるし、倫理判断も違ってくる。まずここで検討したいのはそのような点です。

これについても、まずは原発絡みで私の印象に強く残ったケースについて述べます。特殊な例に深

入りするように見えるかもしれませんが、後で述べる「イングループ／アウトグループ（内集団／外集団）」の現実的な例になっていることに気づかれると思います。

具体的には「核廃棄物の貯蔵問題」のことです。廃棄物の引受け先がなくて、とりわけ福島第一原発の事故以降は「たらい回し」の迷走状態が続いています。他方、東北の復興問題があって、被害を受けたところの経済を復興させなければならない。この二つのニーズを同時に解決するのは案外簡単で、実際にすでに原発を持っていて、事故を起こしたところに核廃棄物を持っていく。これが一番現実的で反対も少ないだろうし、結果的に安価だろうという考えがあります。消費自治体（都市）から見れば、原発の稼働も、廃棄物処理も、その事故までも、徹頭徹尾「よその問題」というわけです。非常に不謹慎かもしれませんが、私はそういうディストピア的な近未来を想像してみたことがあります（下條、二〇一二年c）。その後の状況もほぼ、そちらの方向に行っているようです。

また原発輸出問題というのがありますが、これもよく見ると似た構造になっています。緒方貞子さんが、国際協力機構（JICA）理事長退任にあたっての所感（『朝日新聞』二〇一二年三月二日付）で、原発の海外輸出問題について語っておられます。これは米国もやっているし、日本もやろうとしている。具体的には、ベトナムやインドを商談の相手にして国ぐるみで売り込もうとしている。要は国全体が体よく「売り抜け」しようとしているわけです。緒方さんは、次のように発言されています。「日本はヒロシマとナガサキを経験した国で民度も高いと言われてきたのだが、そういう国でさえ、原発事故を避けられなかった。それなのに、その同じ原発を（比較で言えば開発途上国である）ベトナムなどに売ることがよいのかどうか」と。緒方さんのこの視点のブレなさに私も感銘を受けましたが、そこで連想したのが原発をめぐるドイツとフランスの関係でした。これと日本や米国が開発途上国に原発を売りつけようとする場合とを比較すると、似て非なる状況にあることに気づきます。

ドイツは国策として二〇三〇年までに脱原発を実現すると決めましたが、これには「ウラ」があって、フランスから電力購入のアテがあるから言えたのだ、とする説が有力です。普通なら「なんだウラがあったのか、けしからん」という話になるのだけれども、どうでしょうか。ベトナムと日本の関係と引き比べたときに、微妙な違いが倫理判断にも影響するかもしれません。というのも、ドイツとフランスはもともとEC加盟国同士で経済的にも持ちつ持たれつの関係にあり、しかも国としての先進度・強さにおいても対等で、互いに相手の国策を変えるまでの優位性はない（つまり相対的に独立なわけです）。フランスが独立に（原発継続という）意思決定をしたのならば、ドイツとしてはそれを利用して・活かして、自分たちの理想を実現する、それでどこが悪い、相互的な国益があるではないか（実際、フランス側から見れば安定的な大口の買い手がついたことになる）、と。そういう理屈が十分成り立ちます。

他方、日本とベトナムの関係については、根本的に関係が違う気がします。経済強国である日本が弱者であるベトナムに危険な原発を押し付けて、巨額の利潤を得ようとする構図がある。それには倫理的に問題があるのではないでしょうか。

これはなかなか結論が出にくい問題ですが、要はそれぞれの国同士の関係性によって倫理判断も違ってくるかもしれない。差し当たり指摘したいのはそのことです。

また（後で検討しますが）別の例として、ここ数年日米間で大きな問題となっている沖縄米軍基地の移転問題はどうでしょうか。沖縄内部での、あるいは他県やグアムなど国外まで含めて「たらい回し」問題になっています。そしてこれも予想したとおり、容易に解決しない泥沼状態が何年も（この本を刊行しようとしている二〇一九年になっても）続いています。要は、沖縄の特定の村の内と外の間に境界線を引いてその外側へ米軍基地を追い出そうとしているのか、それとも沖縄でくくって（あるいは日本全体でくくって）その境界線の外側へ追い出そうとしているのか。考えてみると全く心理的な境界線にすぎないものによって、結論が天と地ほども違ってくるのです。

距離が倫理判断に作用する

過去二、三〇年の間に、神経倫理学の研究が進んでいます。たとえば有名な「トロリー問題」のように、五人を救うためには必ず別の一人を犠牲にしなければならない場合、適否の倫理判断は（一見関係ないように見える）さまざまな要因に左右されます（Greene, 2008; Bruers & Braeckman, 2014）。一例だけ挙げると、たとえば不思議なことに、単なる距離が倫理判断に作用するのです。現場で自分が手を下すのはためらわれる。だが遠くでボタンを押すだけなら、（全く同じ「一人を犠牲にして五人を救う」条件であっても）多くの人がこれを許容します。これは物理的な距離の話ですが、心理的な距離（仲間意識の有無）は、さらに大きな違いをもたらすでしょう。

ここであらためて原発経済というものを見ると、立地自治体と消費自治体の距離を遠ざけることで、大きなビジネス・チャンスを作ったとさえ言うことができます。ひるがえって仲間意識というなら、被害者に共感を持てるかという点が何よりも根本でしょう。ただし漠然と捉えるのではなく、社会集団への帰属意識として具体的に考えることで、政治やカネとのつながりも見えてきます。立地自治体と電力消費自治体の関係は、まさにその好例です。

◎社会的良心が利潤を生む（ようにできる）

「仲間意識の問題」などと言うと、「何を甘いことを言っているのか」「経済原則が先だろう」と言われてしまいそうです。しかし純粋にカネの問題に見える側面にも、心理的要因が働く――この章で全体として言いたいことの一つが、まさにこのことです。その流れで言うと、もし社会的良心が世論のコンセンサスとなれば、それが利潤を生むようにすることすらできるはずです。この点についても、後で詳しく論じます。

そのイントロとして、（仲間意識という話からはいったん離れますが）社会的良心と利潤という点について、私事で恐縮ながら思い出したエピソードをひとつ。カリフォルニア工科大学に移籍した当初、自分の引退後の年金のためにポートフォリオ（資産運用プラン）を作ることを求められました。「株に投資する」とか「低リスク低リターン」とか、いろいろあるオプションから自分で選んで組み合わせるのです。ところがその中に「社会的良心（social conscience）」という意味不明のオプションがありました。「環境に優しい（クリーン&グリーン）など、社会的良心において突出した企業だけに投資する」オプションだそうです。

そんなオプションは聞こえはいいが、投資としては最悪だろう。そう思った私が浅はかでした。あるいは米国社会の成熟度に遅れをとっていた、と言うべきかもしれません。実際、運用実績を見ると、なんとこのオプションが一番良かったのです。これが先進国で現に起きつつあることです。開発途上国もやがてはその後を追うはずです。

原発をめぐる先進国と開発途上国の現状を見ると、今世紀半ばぐらいまでには、全人類が脱原発の方向に向かうと言われています。

技術先進国の立場を守る、国際競争力を維持する、核の安全保障を担保する。そうした動機も、これを前提に対処するべきで、原発再稼働の言い訳にするべきではないと思うのです。

◎動物の利他行動——誰を仲間と見なすか

誰を仲間と考えるか、誰の利害で行動するか。その点では社会性昆虫の話が面白く、参考になります。

利他的な行動をとるだけではなく、その利他行動の遺伝子が世代を越えて生き残る。そういうことが、社会性昆虫では現に起きているわけですが、そんなことがそもそもどうして可能なのか。これが行動生態学、数理生態遺伝学では非常に大きな問題となってきました。というのも、言うまでもないことでしょうが、有名なドーキンスの「利己的遺伝子」理論を狭い意味で厳密に受け止めれば、昆虫は身を犠牲にして他を利するようなことはしないはずだし、ましてや利他行動の遺伝子なんて、あっという間に淘汰されてとっくに消えてしまっていても不思議はないからです。考えてみるとヒトが戦争に行くのも（身を犠牲にして国や家族を守ろうというのですから）利他行動の一種であり、それが進化によって淘汰されるどころか、ますます頻発しているのも、同質の問題であることがわかるでしょう。

この分野には有名な「ハミルトンの法則」というのがあります。「利他行動のコストが、利益と受益者の血縁係数の積を下回るとき、利他行動は進化する」。これを式で書くと、

$$C < R \times B$$

となります。ここでCは利他行動の行為者のコスト（たとえば怪我したり死んだりする危険性）、Rは血縁係数、Bは受益者の利益を表しています。一目では、何を言っているかわかりませんよね。とりあえず、「コストが利益を下回るとき（つまり利益の方が大きいとき）、利他行動は進化する」と書き直せばわかるでしょう。ただしそこに一つ条件が付いていて、誰の利益かによる。その利益を受ける人（受益者）と行為者の血縁関係が深いほど、利益は大きく評価され、多少コストがあっても行動に出る。またその利他行動を支配する遺伝子は受け継がれ、進化していく。そういうことです。わが子のために身を犠牲にしようとする親を見れば、これは納得しやすいでしょう。

それでもヒトは赤の他人のためにも利他行動をする。国のため、故郷のための戦争に行くというのはその極端な例です。これをどう説明すればよいか。ここで自分の所属する社会集団とそれ以外の（競

合する）集団の区別が重要になってくるわけです。

最近の知見では、次の点が明らかになっています（長谷川、二〇一〇年）。つまり「自分の所属する社会集団が、他の集団に対して相対的に繁栄（拡大）するかどうか」。この条件を満たす場合に限って、そうした利他行動の遺伝子が次の世代に向かって増えていくということです。

こうして進化のレベルですら、内集団／外集団の区別が決定的に重要であることがわかります。これとよく似た事情が、実はオキシトシンのような「神経ペプチド」（一般的には「社会性ホルモン」と呼ばれたりします）の行動面への作用にも見られます。

最近、オキシトシンを使うと人間の寛容さ・愛他心が高まるという、たいへんあからさまな論調の研究が目につきます。動物研究（ネズミなど）では確かにオキシトシンは「愛のホルモン」と呼ばれていて、ラットの雄でも養育行動が高まるとか、友愛性や性行動が高まるなどの事実が知られていました。しかしただの化学物質が（もちろんホルモンであるとはいえ）愛情（行動）そのものと一対一に対応するなどということが、本当にあるのでしょうか。

よく見ると、実は種によって多様性があるし、状況によっても効果が違います。面白いことに、動物でオキシトシンを過剰に投与すると確かに愛他行動が増えるのだけれども、詳しく見ればそれは同じ集団内だけで、他の対立集団に対してはむしろ攻撃性が増すという報告さえあります（De Drew et al., 2010;2011）。つまり再び、自己の所属集団／対立集団という対比が、モノを言うわけです。ヒトではこれに直接対応する報告はありませんが、おそらく事情は同じだろうと想像できます。戦争の前後に国内では愛国心が鼓舞され、相手国への敵愾心《てきがい》も煽《あお》られるのは、古今東西共通でしょう。

何が言いたいかというと、ヒトにおける倫理的な善悪も、アプリオリに決まっているわけではない。状況依存的という側面もあるし、自分が現に属している社会集団というのは複数あるわけですが（人種、国家、ジェンダー、職場、地域コミュニティなど）、そのどれに今帰属を感じて、判断しようとしているか。また逆に誰を敵対集団と感じているか。それによっても行動や倫理判断が変わるのではないか。そういうことです。これは核廃棄物や、あるいは沖縄米軍基地の「たらい回し」問題でも、似たような構造なのではないでしょうか（下條、二〇一二年a）。

◎「たらい回し」問題と「分けない分担」

結局どうするかということですが、「分けずに担う」という考え方が有効です。「分けずに担う」というのは、要は原発廃棄物について今やっていることの反対ということです。電力の消費自治体の側がお金を払って、遠くの立地自治体にリスクを背負ってもらう。これが今の経済構造です。それは経済のマクロ構造から言うと効率がいいのかもしれない。また万一事故のときでも、密集人口を抱える消費自治体は安全圏にいられる。しかしそれによって「利害」を考える心理的な境界線が変わるとか、シェアド・リアリティがかけ離れて「シェアド（共有）」でなくなっていくという問題が生じます。つまり倫理判断の距離感が全然異なってきてしまう。そのことに問題があると感じるわけです。「実際にやってみれば（その立場になってみれば）相手の気持ちがわかる」ということがあります。当たり前のことのようですが、そのことが事柄の本質ではないでしょうか。なぜ「実際にやってみれば、相手の気持ちがわかる」のかと言えば、「共感性が高まるから／想像力の限界を実体験が補うから」などいろいろ考えられます。しかしより根本的には、「シェアド・リアリティ（世界観の共有）」がより強く成立するからと考えられます。これを「仲間意識が高まる」と言ってしまうと、そこで思考が停止してしまう。そこから先がわからない。でも「シェアド・リアリティ」の考えを間に入れると、（前述したように、シェアド・リアリティはそもそも「知覚」から始まって認知を貫いているので）分析のやりようがあり、操作のやりようもあるように思うのです。

ここで言っていることは「相手の身になって考えてみる」ということとは少し違うことに注意してください。似ているようで違うのです。「相手の身になって考えてみる」というのはシミュレーションにすぎません。しかし片足を骨折して動かなかったらどんなに不自由かということは、想像してみるだけでは足りない。同じように片足を固定して、ある程度の日数を（五分ではダメ）実際に生活してみて、それによってはじめてリアリティが共有され（＝世界観が共有され）、真の共感を得られる。あるいは、お互いの損得勘定が一致してくる。そう考えたいのです。原発に戻して言えば、たとえば中間貯蔵地を自分たちの自治体（家の隣近所）で引き受けてみる。また沖縄基地問題で言えば、米軍基地の騒音の隣で実際に生活してみる。そういうことです。

別のもっと端的な例として、「戦争を確実になくす簡単な方法」という話があります。「戦争を起こした一国のリーダーは、その子弟を必ず前線に送ること」。このルールさえ守れば、戦争は起きないという話です。現実問題としてこの話が実現するとは思えないけれども、一面で多くの人々が直感的に真実を感じることも事実でしょう。この場合の真実とは何かというと、「自分が当事者になると、倫理判断が根本的に変わる」ということです。この最後の点については、自動運転の是非をめぐっても同じであることが、最近の研究でわかっています（Bonnefon et al., 2016）。「自動運転で事故は十分の一に減る」。それを前提に「世の中全体として自動運転にシフトするべきか」と問えば、大多数の人が「もちろん」と答えます。ところが「では、自分自身や家族が乗っている場合はどうか」と聞き返すと、ガラッと変わってためらう人が多いと言うのです。

福島第一原発の事故の後に当時の政権党の幹部が「原発をいっさい動かさなければ、日本は集団自殺するようなもの」「計画停電騒ぎで明らかになったとおり、原発は日本経済に不可欠」などと発言して、世論の総スカンを食ったことがありました。ところが実際には、当時の計画停電騒ぎで結果的に明らかになったのは、むしろ逆のことで「みんなで頑張ればなんとか電気は足りてしまう」ということでした。少なくともこの感じ方のほうが、国民大多数の感じ方だったはずですが、先の発言は、この政治家がどの集団に仲間意識を感じていたか、それがいかに一般国民から乖離しているかを如実に物語っていると思うのです（また「みんなで頑張れば……」という国民一般の仲間意識をも、雄弁に物語っていました）。

先ほども少し触れましたが、「仲間意識」などと言うと「左翼小児病の大甘な考え」「厳しい経済原則を超えられないでしょう」といった批判も出てきそうです。しかしここで言っているのは「誰と誰

（どことどこ）が仲間か」によって、そうした経済的思考も変わってくる、損得勘定そのものが変わってくるということです。（具体的には、廃棄物の管理コストや危険、あるいは基地騒音などが損得勘定にそもそも入っているかいないか、の違いになってきます）。

原発廃棄物について、原発による電力生産県（大飯原発の所在地）である福井県の西川一誠知事（当時）が次のような提案をして話題になったことがあります（二〇一二年四月）。「中間貯蔵施設を、電力消費県に置いてはどうか」と。これに対して、松井大阪府知事や橋下大阪市長（ともに当時）が直ちに賛成の意を表明しました。その後の政治的な流れは複雑でここでの関心から外れますが、ただ立地（生産）自治体の痛みを消費自治体も「共有する」という意味では、その後の大きな底流となりました。

大飯原発の再稼働問題でも、周辺の電力消費自治体（京都府、滋賀県、大阪府）が（少なくとも当初は）反対にまわるなど、周辺自治体の積極的な関与が、3・11以降の大きな変化でした。沖縄基地問題もそうですが、問題が政治的にこじれるたび、皮肉なことに「仲間意識」の範囲はむしろ広がりを見せています。

この章のここまでをまとめると、「誰を仲間（自分と所属する社会集団が同じ）と見なすか」という集団所属意識が重要です。これは一方では遺伝子の繁栄・絶滅さえも規定する決定要因であり、また他方では原発がらみの政治問題に見るように倫理判断を大きく変える要因でもあります。

ところがこの「内／外集団」の認知は、非常に鋭敏で変わりやすいものでもあります。つまり（このように人の社会行動を決定する重要な要因であるにもかかわらず）わずかの手がかりや操作ですぐ変わってしまう、ある意味扱いにくい微妙な心理機制であるらしいのです。手短かに一例だけ挙げると、初対面の学生被験者たちを一室に集め、二つのグループに分けるために二色に分かれた名札を付けさせる。ほとんどそれだけで（二グループ間で競わせるというような手続きを踏まなくても）後の行動や判断に「内／外集団」の差が出るのです。そして相手が自分にとって内集団であるか外集団であるか、その認知のいかんによって倫理判断も行動も変わってしまうのです。

◎所属意識が実践を変える

端的に「所属意識が実践を変える」。また逆に「問題が生じると所属意識も変わりうる」。ここにカギがあります。これに関連する非常に面白い研究が、社会心理学にあります。

もともと社会的ステレオタイプを活性化する（＝意識させる）ことによって、自己像／自己評価が変わるという発想は、古くからありました。ただ能力（遂行成績）までが実際に変わるかとなると別問題です。

ここで取り上げたい実験（Shih et al., 1999）では、韓国系の女子学生を被験者にしています。そしてまずはダミーの質問紙などで、「あなたは韓国系なんだよ」ということに注意を向けさせる、あるいは「あなたは女性なんだよ」ということに注意を向けさせます（「潜在的ステレオタイピング」と呼ばれる手続きです）。それをやった後で自己イメージを測ると、何に注意を向けるかでかなり違った結果となります。つまり「あなたは韓国系」というプライミングをすると、「数学があなたはどのくらいできますか」という問いに対する自己評価が高まる。ところが逆に同じ被験者でも、「あなたは女性」というプライミングをした後では、数学能力を低く自己評価してしまう。ここまではよくある社会心理学の知見です。

ただこの研究がすごいのは、実際に数学の試験をやってみた点です。すると同じ韓国系女性の被験者集団なのに、「韓国系」プライミングをすると数学の実際の遂行成績は上がり、逆に「女性」プライミングをすると数学の成績が下がったのというのです。実際にデータの数字を見るとそんなに極端には変わってはいませんが、統計学的には明らかに有意な差が出ています。

普通に考えれば数学の能力なんて身長みたいなもので、脳の中のどこかに「能力」の固定値としてあり、それをどう正確に測り出すかというだけの問題だと考えがちです。つまり、よい数学の問題を作ればエラーが少なく測り出せるし、問題が悪いと多少ノイズが出るというふうに。でもこの研究結果は「そんな固定値のようなものは脳内のどこにもない」と言っているわけです。特にステレオタイピングで成績が下がるばかりか、上がるケースも作れる（"stereotype performance boosts" と呼びます）ことが驚きであり、役に立つ知見だと思うわけです。

所属（仲間）意識で、倫理判断や行動が変わることを強調してきたわけですが、どの所属集団を意識するかで実際の数学能力まで変わるとすれば、倫理判断や倫理的行動も変わりうるのではないでしょうか。そのうえ、（ステレオタイピングで変わったということは）それが学習や経験で変わりうるということではないでしょうか。つまりここで言っている仲間意識というのは、文脈や経験、教育の効果、あるいはプライミング、そんなことでも変化してしまうような、そういうダイナミックで状況依存的なものなのです。

まとめとしてもう少し大きな枠組みに戻ると、「心理リアリティと実態リアリティのせめぎあい」が、そもそも世の中にはある。そして普段はあまり気がついていないけれども、心理リアリティというのは、ひとたび共有されるやいなや、実態リアリティをも動かす（3〜5章）。ここに明るい可能性を感じます。「じゃあどうすればよいのか」ということの答えになっているとは思いませんが、ある種、世界観を変える余地があると言えるのではないでしょうか。

さて以上の社会集団（内／外集団、所属意識）に関する考察は、社会心理学の常識である以前に、私たちの生活感覚でもあります。ただそれがこころの潜在的な部分で倫理判断に案外大きく関わっていること、そして遺伝子やホルモンのレベルから政治までを貫く大きな原則であることを強調したかったのです。

それを踏まえて以下、最終章後半では、動物の社会構造や神経系の柔軟な頑健性（ロバストネス）から、安全な社会構造へのヒントを得ようとします。というのも、この本の前半ではヒトの本性、特に認知バイアスなどを考えると「巨大規模の安全管理は、避けられるなら避けるほうがよい」という点を強調してきました。しかし原発は現にあり、稼働しているわけです。ほかにも巨大な災害（カタストロフィ）の危険は無数にあります。それに十分に備えるには「想定外」を無理矢理想定しようとするよりは、想定外はあくまでも想定の外で実際に起きるということを前提に、起きたときのシステムの柔らかいしぶとさ、という点を探究するしかないと考えるからです。

そういう柔らかくて頑健なシステムのモデルが、生物界にあります。具体的に三つほど例を挙げて、その意義と社会システムへの応用可能性を以下で検討します。

3　柔軟で頑健なシステムをめざして

◎「知的な」断頭ゴキブリ

昆虫は分散型の中枢神経系で知られています。哺乳類で言う「脳」（中枢神経系）に当たるものが、頭部／胸部／腹部それぞれの神経節に分散して、それぞれの体部を（肢の運動を含めて）支配しています。台所で見つけたゴキブリを叩き潰したつもりでもなかなか死んでくれないのは、このせいです。（ちょっと残酷ですが）頭部を切断して胸部／腹部だけを残しても、ゴキブリはまだ生きています。それを利用して条件付け学習を調べた興味深い実験があります（下條、一九九六年）。

条件付けには二種類あって、その一つは「オペラント（道具的）条件付け」と呼ばれるものです。ネズミが偶然にレバーを押すと餌のペレットが出てくる。これを繰り返しているうちに、レバーを押す頻度が上がる、例のあれです。逆に、罰を与えるとその反応（行動）が減るという場合も、同じくオペラント条件付けの仲間に入ります。断頭ゴキブリの実験ではゴキブリを宙に吊るし、足が緩んで下の水面に触れると電気が流れてショックが与えられるようにします。すると、足を下に伸ばす行動が次第に減って、高く曲げたまま維持するようになります。頭のあるゴキブリがこの学習をできるのは以前から知られていましたが、驚いたことに断頭ゴキブリ、つまり頭部神経節のないゴキブリでも、この学習ができることがわかったのです。

では、もう一つの条件付け＝古典的条件付けのほうはどうでしょう。これは「パブロフの犬」とも呼ばれる有名な手続きで、こちらも知っている人は多いはずです。犬に肉片を与えると唾液を垂らす。ベルを鳴らしながら肉片を与えることを繰り返すと、やがて犬はベルを聞いただけで唾液を垂らすようになる……という、例のあれです。ゴキブリに適用して言うと、たとえば足に電流を流しながら、ずっと弱い（単独では足を引っ込める反応が出ない）電気刺激を手がかりとして一緒に与えます。電気ショックを受けたゴキブリは反射的に足を引っ込めますが、この手続きを繰り返すと、元の強い電流なしでも手がかり刺激だけで足を引っ込めることを覚えるのです。

さて、断頭ゴキブリは（オペラント条件付けのときと同じように）この古典的条件付けによる学習ができるでしょうか。研究によれば、頭部を取ってしまったゴキブリでは、新たな学習はできません。しかし、学習させてから断頭すると、学習の効果（獲得した新しい行動パターン）は残ることがわかったのです（下條、一九九六年）。

というわけで、二種類の条件付けで少し結果は違いますが、いずれにしても頭部神経節なしでもゴキブリが驚くほどの適応能力を発揮することがわかったのです。「柔軟で頑健なシステム」とは「大きなダメージにも強い、しぶとく生き延びるシステム」「しかも新たな学習までできるシステム」と考えていいなら、ここに一つモデルがあることになります。

感覚システムを設計するうえでの大きな必要条件として、かのD・マーは「緩やかな機能低下（graceful degradation）」、つまり大きなダメージを受けても機能があまり低下しない特質を挙げています（マー、一九八七年）。これもつなげて解釈することができ、感覚系に限らず、「大きなダメージを受けても（広汎に、あるいはどの特定部位に受けても）なんとか生き延びて機能する」。これが脳のデザインの一般原理だと言うのです。社会システムに応用できないものか、と思わず夢想します。

◎断頭カエル

断頭ゴキブリの話は「なるほど確かに面白いが、しょせんは昆虫、もう少し高次の、たとえば脊椎動物なら話は全然違うでしょう」という意見がありそうです。この疑問に直接応えるものとして「断頭カエル」の実験があり、カエルの神経系の驚くべき柔軟性、頑健性を示しています（下條、一九九六年）。

この実験ではまず、（頭部のある普通の）カエルをまな板の上に固定して、背中の片側（たとえば右）に酸のような刺激を垂らします（図5-1の(1)）。カエルはそちら側（右）の後ろ足を背中にまわして刺激された場所を掻くような反応を示します。ではこの足（右足）を固定したうえで、背中の同じ場

図5－1　断頭カエルの反射実験

(1)背中（右側）に一滴酸を
→右足を廻して掻く

(2)背中（右側）に一滴酸を
→右足を固定されていると
左足で掻く

(3)同じふるまいを、中枢
神経なしでできる

(1)は脊髄レベルの反射。(2)は大脳皮質による合目的行動，と従来は解されてきた。(3)では，中枢神経系なしで合目的行動ができた（しかも初めてなのに）。

（出所）　下條，1996年。

所（右側）を刺激するとどうなるでしょうか。カエルは反対側の足先を器用に背中の反対側まで持っていき、刺激箇所をやはり掻くことができます（図の(2)）。このこと自体、カエルの神経系の驚くべき柔軟さを示しています。というのも、その引っ掻き反応が、脊髄レベルの単なる反射ではなくて、中枢神経系による「合目的的」な調節を受けていることを示すと考えられる（考えられてきた）からです。実際、こんな困難に直面するのはこのカエルにとって初めての経験でしょう。しかしそれでもなおカエルはこのようにうまく反応して「かゆいところを掻く」という目的を達するのです。

さて、問題はここからです。先のゴキブリの例のように（残酷ではありますが）頭部を離断してしまったカエルで、同じこと（＝たとえば右足を固定しておいて、背中の右側に酸の刺激を与えること）を試したらどうなるでしょうか。驚いたことに、それでもこの断頭カエルは、普通のカエルと同じように反対側の（左）足を器用に動かして刺激部位を掻くのです！（図の(3)）。これはプリューガーという人による古典的な知見ですが、比較的最近も、もっと細かくカエルの反応を調べた追試が公刊されていて（Giszter et al., 1989）、結果はおおむねプリューガーの知見を確認するものでした（ただし、断頭の場合には背中の上の掻く部位がいくぶんかばらつくこともわかりました）。

「型にはまった刺激→反応の〝反射弧〟は脊椎レベルか、中枢でもせいぜい低いレベルの神経系（たとえば脳幹など）が関与すれば足りる」。こういう古典的な考え方と、断頭カエルの上記の知見は明らかに矛盾します。「型にはまった反射は低次神経系の仕事、初めて出会った状況への柔軟な適応は新皮質の仕事」――そういう区分ではなくて、むしろこうした一見「高度の認知と思考を要する問題解決」に見えることが、脊椎以下の末梢神経系と身体（筋骨格系）の相互作用の中で「自己組織化」し「創発」している。そこにこそ、生物の驚くべき適応性／可塑性の秘密が隠されているようです。カギは脳の内部だけではなくて、身体を介した環境との相互作用、その自己組織化の中にこそあると考えられます。

断頭ゴキブリと、断頭カエルの柔軟でロバスト（頑健）な適応能力を例として挙げてきました。このような事例をここであえて挙げた理由を、再度確認しておきたいと思います。

1章でも指摘しましたが、現代社会では災害が「自然要因×人工要因」によって複合化、大規模化します。それによって（前章までで詳しく見てきたとおり）もともと「想定外」が起きやすかったヒトの認知バイアスにかかり、あるいはその「盲点」に入ってしまいがちになる。そうした「想定外」のあらゆる災厄にあらかじめ備えることは、「定義上」不可能です（だからこそ「想定外」なわけです）。しかしだからといって、手をこまねいていてよい道理もない。唯一現時点で私たちにできることといえば、「想定外の災害」にも強い、柔らかくて頑健な社会システムのデザインを考えることでしょう。つまりあらゆる災厄に「明示的に」備えることはできなくても、「潜在的、暗黙的」で柔軟な知性で、備えることはできるのではないか。断頭動物では、局所的な（身体と神経系の）相互作用の広がりが、全体の最適解をいわばアドリブで「自己組織的に」紡ぎ出した。この点にヒントがあるのではないか。この特別な意味でこそ、想定外への備えとして「生物システムのロバスト（＝柔軟で頑健）な設計が、参考になるかもしれない」。そう言いたいわけです。

◎粘菌――神経系に限定されない

以上の議論に対してただちに、次のような批判が聞こえてきそうです。「断頭と言っても、分散した中枢神経系の一部が残っているではないか（ゴキブリの場合）。またカエルでも脊椎以下の末梢神経は完全に残っているではないか」と。これに対してさらに、いや、こういう「局所相互作用の自己組織化」による適応は何も神経系に限ったことではない、生物界全体に共通する生体のメカニズムだと主張できる証拠があります。ここではその最たるものとして、粘菌の例を取り上げましょう。

粘菌とは土中の単細胞生物です。分類学上論争がありましたが、現在では「アメーバ動物（アメーボゾア）変形菌」に分類されます。ただ他のアメーバ動物と違って多核ないし多細胞で胞子を作り、時には一〇センチを超える大きさに達します。

粘菌の多くは、環境が悪化しエサとなる細菌が減ると、数万〜数十万の個体が集合し、ナメクジ（あるいはアメーバ）状になって移動します。この部分が、動物的なふるまいに見えるわけです。しかし移動先では胞子を作り、その土中に静止します。ここからは植物的なふるまいに戻るわけです。そうした点から、かつては植物と動物の中間のようなふるまいをする原生動物（？）ということで研究者の関心をかき立て、分類学上論争を引き起こしました。また日本では、在野の巨人・南方熊楠によって集中的に研究されたことでも有名です。

粘菌について一つ見落とせない点として、粘菌には神経系そのものがありません。それなのに「機を見て」あるいは「必要に応じて」集合・移動し、また「望む場所に着くと」止まります。つまり集団として生存し適応するための「意思決定」を（神経系なしで）行っているように見えるのです。

さらに言えば、粘菌はT字迷路を正しく解きます。T字迷路とはご承知のとおり、T字型の迷路で、縦棒の下端に当たるスタート地点をネズミが出発して、T字路で正しく右（左）に曲がったときだけゴールにたどり着いてエサが得られるというものです。ネズミや他の動物がこれを正解できるのは、言うまでもなく「中枢神経系があるから」とこれまでは考えられてきました。むしろそれを前提に、中枢神経系の学習・記憶の働きを調べるための決定的なテストとして使われてきたのです。神経系の全くない粘菌にこれができるという発見がいかに驚天動地か、わかるでしょう。

それればかりか、粘菌はもっとずっと複雑な迷路でも、最短最適のルートを発見できることがわかりました。これらの一連の研究で、北海道大学の中垣俊之氏が二〇〇八年にイグノーベル賞を受賞しています（中垣、二〇一〇年★）。ついでに付け足すと、米国ライス大学の研究グループの研究によれば、粘菌が「農業をする」こともわかっています（Brock et al., 2011）。移動するときに、自分が「飼っていた」食用の菌を持っていくらしいのです。

以上、ゴキブリ、カエル、粘菌と例を挙げてきました。そこから「想定外のダメージにも強い柔軟なシステムを作る」ヒントを得るために、二つの共通点を挙げたいと思います。

まず第一に、これらの生体システムには全体を見通す「司令官」のような存在がありません。それにもかかわらず、全体として適応的にふるまうことができるのです。そして第二に、想定外の大ダメージに対しても強い抵抗力を発揮したことです。

断頭ゴキブリの学習能力、断頭カエルの驚くべき適応力を思い出してください。特に断頭カエルの場合には、今まで直面したことのない困難な課題事態に対して、素晴らしい柔軟性を発揮して問題を解決したことに注目するべきです。さらに粘菌の例から、これが神経系だけの適応能力ではなく、生命システム全体を貫くロバストネス（頑健さ）であることも明らかでしょう。

末梢神経と筋骨格とが、あるいは近隣の細胞同士が、局所的に相互作用して、それがシステム全体に伝播し、安定状態にたどり着くまで変化する。このとき、システムが①分散型であること（つまり司令官がどこかにいたり、組織にヒエラルキー＝階層性があったりするのではなく、お互いに隣同士としか影響し合わないローカルなつながりの連鎖であること）、上からの指令がなくても横のつながりから最適状態を

②自己組織的に達成すること、その結果、環境から与えられた困難な課題への最適解が③創発されること、この三点がカギとなるのです。

ここまで、この章の後半では生物の分散型で頑健なシステムについて詳しく見てきました。その仕組みが前半で述べた「分けない分担」の話ともよく重なることに、慧眼な読者は気づかれたでしょうか。前半は社会学的・心理学的なレベルの記述で、後半はそれを生命システムに託して「実装」のレベルで掘り下げただけ。そのようにも言えるでしょう。

◎「中央集権型の知性」vs.「自己組織型・分散型の知性」

ここまで生物界に見てきたのは、簡単に言えば「中央集権型の知性」に対する「自己組織型・分散型の知性」の特性です。中央集権型の知性は、①環境が予測の範囲であり、②情報の流れが順調なときには、優秀な適応性を示します。しかし、③ひとたび想定外の方向から大きなダメージを受け適応行動が妨げられたり、④一部でも破損して情報の流れが遮断されたりすると、臨機応変に対応できず、カタストロフィを招きます。これに対して自己組織型・分散型の知性は、大きな損傷を受けても全体としての機能は「緩やかに低下するだけ」という大きなメリットがあるのです。またその損傷が「想定外」であっても「想定の範囲内」であっても、「緩やかな低下」という意味では変わりません。そのうえこのような知性は、大きなダメージを受けても自動的に「自己修復機能」が働く。たとえば（後で検討しますが）ミツバチやアリの巣を破壊してその成員の大多数を殺しても、すぐに残りのメンバーから女王が出て巣作りが始まります。これも大きなメリットと言えるでしょう。もちろんここまでは、生物のシステムとしての頑健さ、それをもたらした進化の精妙さ、という話です。

では、これを社会システムの設計という観点から見たとき、どのようなヒントを受け取ることができるでしょうか。多少飛躍するかもしれませんが、「中央集権型の知性」対「自己組織型・分散型の知性」というところから連想するのは、「中央集権型」対「自己組織型・分散型」の社会システムということです（ここで社会システムと総称する中身には、物流や情報の流れのほか、コミュニティの地理的構造や行政、政治的な意志決定などすべてを含みます）。

地方分権、地域ごとの自給自足、エネルギーについても地域ごとにエネルギー生産と消費をできるだけ重ねること、などが思い浮かびます。もちろん実際には経済コストの問題もあるでしょう。しかし他方、情報ネットワークのグローバル化ということとこれらは、必ずしも矛盾しないというのが私の直観です。しかしさらに、次のような批判も考えられます――「確かに生物の頑健さは面白いが比喩（アナロジー）にすぎない。社会システムに応用と言っても具体的にどうするのか」と。これに対しても「情報の流れ」というのが一つの答えとなります。システムの安全・維持のために必要な情報の流れという観点から見れば、両者は単に似ているのではなくて、同型のシステムだ、ということはありうるのです。

ただこの先は私の守備範囲を超えすぎるので、専門家の手に委ねたいと思います。

◎批判と反批判

「生物界から学ぼう」という以上のような提案に対して、次のような二つの批判を予測できます。その批判の第一は、「ヒトの知性（中枢神経系）はもっと中央集権的なものだ」という考えです。だから分散的な神経系やからだを持つ他の生物とは根本的に違い、あまり参考にならないのではないか、と。しかしこれに対しては、「実はヒトの脳もまた、案外分散型で、自己組織型の一面を持つ」と反論することができます。

もともと心理学の歴史は、ごく大づかみに言うと「ホマンキュラス（賢いこびと）から、分散型知性へ」とまとめることができます。つまり昔の考えによれば、知的なふるまいには「司令塔」が不可欠である。その司令塔が脳であり、なかでも前頭葉あたりにその司令塔＝賢いこびとがいて、全体の状況を見通し、脳やからだの他の部分に指令を出している――そのように考えたわけです。

この考え方には二重の問題があります。つまり理論的なレベルでは、説明すべき「知性（や適応能力）」を丸ごと賢いこびとに押し付けただけで、何も説明したことになっていない。また実証的なレベルでも、脳の中をいかに精査しても、文字通りの意味で「賢いこびと」に該当するような部位は見つからなかったのです（他方、網膜や筋肉など末梢の神経系や感覚・運動皮質は逆に、そうした賢いこびとの判断を支援し実現するための「道具」と考えられ、いっさい知的（適応的な）計算をしたり、課題を達成することはしていないと、最近までは考えられてきました）。

この「賢いこびと」的な脳観のジレンマを解決し、はっきりと乗り越えたのがニューラル・ネット（PDP〔並列分散型処理〕とも呼ばれる）のアプローチでした。ニューラル・ネットの考え方を、初めての人に本格的に解説するのは困難だし脇道に逸れすぎるので、ここでは喩え話をします（特に双方向性、非階層的と呼ばれる古典型に話を絞ります）。

イメージとして、体育館にたくさんの子どもが互いに手をつなぎ合ってぎっしりと並んでいる場面を考えてください。ちなみに手はいつも二本とは限らず、もっと多い場合もあるし、手が長くて少し遠くの友達と手をつなぎ合っている場合もある、と考えてください。それぞれの子どもは体育館の他の場所で何が起きているかはわからず、自分の手をつないでいる相手とだけ、手を握られたら反対側の手を握ってその先の相手に伝える、というような作業だけを、限定的に行っていると考えてほしいのです。さらに詳しく言えば、この体育館の南側の入り口に面した子どもたちの列に最初の入力（＝手を握ったり、握らなかったりの刺激パターン）が与えられる。するとやがて、その時空間的な刺激パターンが伝播して北側に伝えられ、最北端の出口に並んでいる子どもたちの活動パターンとして出力が出てくる。そのように考えることもできます（図5-2）。ここで言う最初の入力とはたとえば感覚刺激で、最後の出力とはそれを単語として読み解いた意味と考えてください。あるいは入力を言語による教示、出力を運動行為と考えてみることもできます。

ここで一番肝心な点は、この体育館の中に笛を吹いて全体に指図する体育の先生のような存在がひとりもおらず、いるのは皆同じ身分の子どもたちだけだという点です。これだけで、結果のフィード

図5－2　ニューラル・ネットの構造

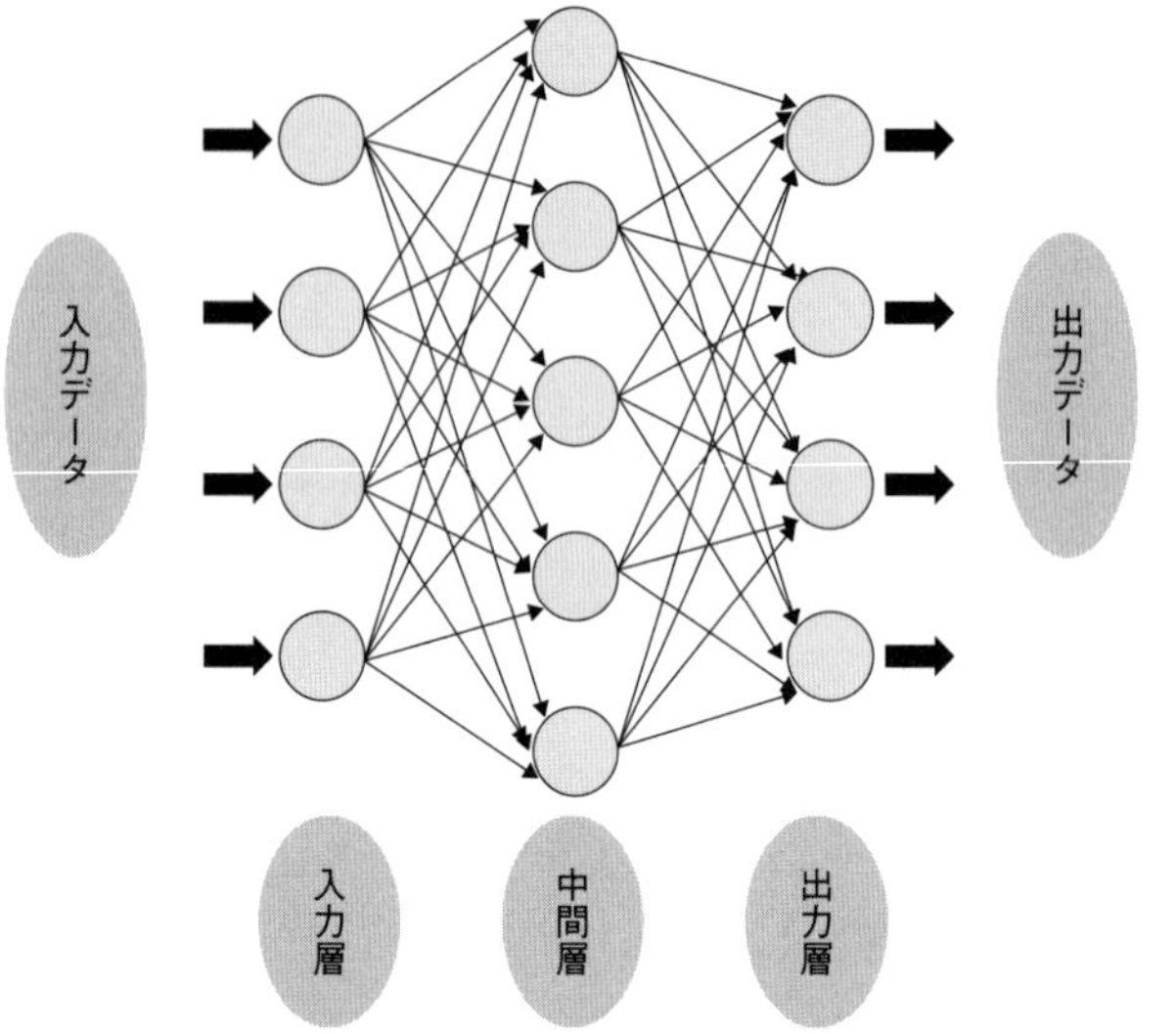

バックを与えて十分な訓練を積めば知的な課題を解決することができるようになる。これがニューラル・ネットの根本的な洞察でした。さらに付け足すと、訓練によって変わるのは、それぞれの手の握り方の強い／弱い＝シナプス結合の強弱です。「手を強く握られたら、反対側の手の握りを弱める」というような、逆のふるまい（＝抑制シナプス）も考えられます。またここでは脳だけを取り上げてそれをニューラル・ネットと考えましたが、実際にはその入力側・出力側の外に「からだ」があって、それも含めて相互作用し、自己組織化が進むのです（よく「身体化した知性」という言い方で強調されるように）。

　自己組織ネットワークの先駆者のひとりであるT・コホネンや後の研究者たちの洞察によれば、訓練後にネットワークのかなりの部分を壊してしまっても、残りの部分だけで課題は（不十分ながらも）達成されます。つまり機能は「緩やかにしか低下しない」のです。たとえば、ある単語から風景イメージを想起する（連想記憶）課題だとすると、回復されるイメージがぼやけはしますが、原型をとどめてはいるのです。壊すネットワークの部分がどこであっても、この結果は同じです。私が繰り返し「想定外に強い」「機能が緩やかにしか低下しない」と語ってきたイメージの、具体的な根拠がここにあるのです。

以上、「生物システムのロバストネスから学ぶ」ことに対する批判の第一として、「ヒトの知性（中枢神経系）はもっと中央集権的なものだ」という考えを取り上げました。それに対して、「実はヒトの脳とからだもまた、案外自己組織型の一面を持つ」ことをニューラル・ネットを参考にしながら理解すれば、この批判が的外れだとわかる。そのように再反論したわけです。

さて、第二の有力な批判として、次のような論点が考えられます。つまり「これまでのゴキブリやカエルの話は、あくまでも個体の脳からからだの話。その原理を、いきなりヒトの社会集団や社会システムに適用するのは無茶だ」と。第一の批判とは反対を向いた批判です。これも一見もっともな意見ですが、有力な反論があります。それはひとことで言えば「ネットワークの観点から見ると、個々の脳も社会のさまざまなネットワークも、実は案外似たふるまいをしている」ということです。

この点については、（先ほどもひとことだけ触れましたが）社会性昆虫の集団を考えるのがわかりやすいでしょう。たとえばミツバチやアリなどの社会集団では、ある群れが拡大しすぎると、ある時点で群れが分裂し、別の女王バチ（女王アリ）に率いられた新集団が引っ越して、新しい群れとして生活し始めます。このとき「群れのサイズが限界を超えた」と判断し「お前とお前はこちらの群れに、また お前とお前はあちらの群れに」とメンバーを割り振り、「どちらの新集団が出ていくのか（どちらが残るのか）」を決め、さらには「新集団の女王は誰が務めるのか」を決める……このように数限りない「意思決定」がなされるわけですが、大変興味深いことに、誰か意思決定者がいて、皆がその指令に従っているという事実はないのです。すべてが成り行きでそうなる、つまり自己組織的にそうなる。「誰が女王になるか」ですら遺伝的に決まっているわけでもなんでもなく、一見ランダムに働きバチ（働きアリ）から「選ばれる」と言います。

もうお気づきでしょうが、この場合脳はどこにあるかと言えば、もちろん個々の個体の中に（詳しく言えば、頭・胸・腹と三つの中枢に分かれた神経系として）あって、それが行動を介して相互作用し、複雑な社会行動を実現している。これが、教科書的な記述でしょう。しかし同時に（先のニューラル・ネットの例などを踏まえて考えれば）、むしろこの群れ全体をヒトの脳に比肩しうる「知的な意思決定システム」と見ることもできるはずです。

また別の例として、磁気シロアリの巣作り、というのはどうでしょう。北オーストラリアの草原に棲む磁気シロアリは、天候に合わせて二四時間住み心地のよい巨大土壌のような巣を作ります（図5-3）。詳しく見ると、個々の個体の磁気に対する反応（行動様式）には大きなばらつきがあると言います。その結果、群れによって（全体の形状や風の通る穴の位置、大きさなど）全然構造の違う土壌が多数でき上がるわけです。これが世代を重ねることにどうなるかと言うと、北オーストラリアの暑熱や

図5-3　シロアリの巣

（出所）Andrew_Deer / 夜明けにシロアリ塚。オーストラリアのノーザンテリトリー / ゲッティイメージズ

寒冷に、より耐えうる適切な巣を作った群れだけが生き残り、それを子孫に伝えることになります。全然違う環境に棲むシロアリでは（遺伝子が同じでも）全然違う構造の土壌を作ります。このようにして、磁気に対するふるまいや社会行動に関する遺伝子の淘汰が生じたと考えられているのです。環境を人工的に変える技術、その知恵を次世代に伝える能力。これらはヒトの種としての専売特許のように見なされがちですが、案外そうでもなさそうです。

もう一度整理すると、生物界の精妙で柔軟な知性と、人間の浅知恵が生んだ人工的な社会システムの間には、依然として本質的な懸隔がある。「生物界の精妙で柔軟な知性」というのは言うまでもなくここで見てきたいくつかの例のように、一つは想定外のダメージにも耐えうる個体の柔軟な対応性（＝頑健性）のことです。そしてもう一つ、個体の認知能力は限られていても、群れとしての自己組織化の過程で知性が「創出される」ということです。これに対して人間の社会システムは二重の意味で「浅知恵」なのではないか。トップダウンで硬直化したシステムだ、ということもあるし、また（前章まで見てきたように）人間の認知能力のバイアスや限界に対して無頓着で、それに対するセーフティネットの役割を果たすどころか、むしろ増幅させカタストロフィを起こしかねない仕組みになってしまっている。そういうことです。

◎ニューラル・ネットの頑健性と視覚計算理論、そして思想史的な意味

以上のように、一方に生物の個体や集団の柔軟さ・頑健さを、他方にニューラル・ネットの仕組みを念頭に置くと、私が自己組織型・分散型と言っているもののイメージが鮮明になってくるはずです。特に私が「機能の緩やかな低下」と言うときに念頭に置いていたのは、ニューラル・ネット（特にコホネン型と呼ばれる古典的ニューラル・ネット）の頑健性と、D・マーの視覚計算理論でした。ここでまとめに代えて、視野を広げてみましょう。

繰り返しになりますが、ニューラル・ネットの創始者のひとりであるT・コホネンは、特に「ダメージに対するネットワークの頑健性」ということを強調しました（コホネン、一九九三年）。たとえば、ある手がかり刺激（たとえば花のかぐわしい匂い）からあるイメージ（花の色や姿）を想起する場合を考えます。これを訓練によってニューラル・ネットでできるようにした後で、ネットワークの一部を壊

してしまうとどうなるか。相当大きな部分を壊して取り去っても、またどの部分を壊しても、(多少イメージは崩れるが)花の姿は依然として復元できる。これがコホネンの主張したネットワークの頑健性です。

似たような意味で、視覚計算理論のD・マーも「機能の緩やかな低下」ということを言っています(マー、一九八七年)。やはりダメージに対していっぺんに答えを出せなくなるのではなく、なるべく緩やかに機能が低下するようにする、という設計思想です。

さらにより広く思想的に見ると、「自己組織的な(トップダウンの固定した支配がない)情報システムは、頑健である」ということを、実は思想史上の巨人たちが少しずつ違う形で唱えています。二、三の例だけ挙げると、たとえば経済学者A・スミスの「神の見えざる手」がそうですし、ノーベル賞を受賞した理化学者I・プリゴジーヌの「散逸構造論」も「混沌からの秩序」を自己組織的な観点から理解しようとしました(ニコリスとプリゴジーヌ、一九八〇年)。先に述べたコホネンのニューラル・ネットも大雑把にはこの部類に入ります。産業革命期、拡大する都市マンチェスターの自己組織的な都市構造を観察した唯物論者F・エンゲルスの名前を加えてもよいでしょう。また生物の多様性と進化のダイナミクスを研究したC・ダーウィンを含めることもできます(ジョンソン、二〇〇四年)。このように見てくると、ようやく世の中がそういう先駆的な思想に追いついて、グローバル化し巨大化する社会システム(特に原発のような巨大システム)の安全管理に、こういう思想を実装することが必要になってきた。そのように言えるかもしれません。

しかしなおも、「(その方向に)変わらないのはなぜなのか」「わかっていても変えられないのはなぜなのか」と反問される向きもあるでしょう。これに対しては再び、「想像力の限界」「時間割引」などに戻るしかないように思います。

また唐突ですが、「市民の自発性」が重要になることも指摘しておきたいと思います。個々人の自立性・自発性が、共感性や社会全体、子孫全体の繁栄に向かうか否か。それが、長期的にはカギだと思われるからです。その点でちょっと気になるのは、米国の社会風土の中では市民の個々人の自発性が、仲間意識と促進し合う印象があるのに対し、日本の政治・社会風土はそうなっていないことです(細かい具体例はたくさんありますが、近年、日本特有の「やらせ」が官民で横行しています。また最近の大きなニュースでは「裁量労働制」に対する日米の世論の落差や、さまざまなレベルでの「忖度《そんたく》」を挙げることができます〔下條、二〇一二年b〕)。個人の潜在心理と社会制度のキャッチボールの中で、この点を変えることができるかどうか。その点が未来を占うもう一つのカギになるかもしれません。

「自発性」とその「自己組織化」。これこそがカギであり、この章の前半で触れた「仲間意識」の問題と社会制度の「頑健性」問題とをつなぐミッシングリンクになると考えます。というのも、まず第一に、「仲間意識」の形成は、個々人の自発性が社会的啓発や刺激と相互作用して「シェアド・リアリティ」に至る自己組織的な過程にほかなりません。そして、このダイナミックな過程が健在である限り、社会は(いったん個々人の自発性に戻りつつ、この自己組織化過程に訴えることで)想定外の災厄にも臨機応変に対処できるからです。

この本全体の結論として、次のように言ってみたいのです。世界がグローバル化し巨大システムがリンクして作動する現代社会は、将来を予測しにくい不安定性を孕んでいます。社会全体の幸福を求めるとともに、末代まで禍根を残すような想定外のカタストロフィを避けるには、どうしたらいいのか。個々人のこころのレベルでは、その集団への所属意識、仲間意識に働きかけること。また個人の認知バイアスに対してその受け皿になるべき社会システムを整備し、この二つを最適に協調させること。そしてさらに、生物の柔軟で頑健なシステムから学ぶこと。それが今もっとも必要とされています。

現代社会は自ら巨大化し、柔軟性を失いました。原発事故や核兵器の拡散を見ると、今やまさにカタストロフィ（破滅）の淵に立たされていると感じます。しかし他方では、それを乗り越えようとする時代精神が、懸命に追いつこうとしているのです。

ヒトの持つ、限りない暗黙知、その脳や社会関係の柔らかい可塑性、そこに希望の光を見ることができると感じています。

あとがき

この本を出すに至った経緯には、大きく二つのモメントが働いていた。

その一つは、原発事故とその後の経緯（二〇一一年三月一一日〜）を目の当たりにしたことだ。『朝日新聞 WEBRONZA』（https://webronza.asahi.com：現在は「論座 RONZA」）にただちに寄稿し、その後も関連記事や論考を書き続けた。ちょうど同サイトの科学・環境欄に定期的に書く機会を与えられていたので、とにかく危機感にかられ、翌々日付けで第一稿を書いた。その後、折に触れて続報や論考を書くうち、次第に自分の視点が定まってきた。翌年、京都大学こころの未来研究センターで行った集中講義（二〇一二年一〇月）でそれはさらに明確になった。本の中身を見ていただければわかるとおり、たとえば「ヒトの認知の特性に鑑みて、原発の安全管理にはそもそも無理があるのではないか」「原発経済や廃棄物管理なども含めて、（脳損傷者の病理にも似た）現代社会特有の病理が表れているのではないか」といったことだ。

ただし本書の中で何度も断ったとおり、これは反原発の政治的主張のための本ではないし、そもそも原発を考える本でもない。こころのリアリティが共有されたとき、それがどれほど実社会に実体的影響を与え、ときには生死の問題にまで達するのか。原発問題はその顕著な応用問題にすぎない。

付言すれば、WEBRONZAで書き続けた一六〇本以上の記事・論考のうち、他テーマのものは拙著『ブラックボックス化する現代』（日本評論社、二〇一七年）で抜粋・整理し刊行してある。そこで示された「健忘症化↕近視眼化」「情報実体化↕ブラックボックス化」といった枠組みは、この本の隠れたバックボーンともなっている。

このほぼ同じ時期、私のこころの別の隅では、基礎科学のあり方への疑問のようなものも芽生えていた。心理学は世の中の役に立つ学問のはず（?）だったが、自分はまったく無力ではないか、と。一方では、もっと直接世の中の役に立ちたい願望。他方では、基礎研究のほうが面白いし長期的には役に立つという確信。この両者の間で揺れ動き、それが「逆応用科学」の発想につながった。「原発を応用問題に、現代社会特有の病理を摘出する」これがこの本のいわば縦糸だとすれば、逆応用科学の構想とその具体的な展開が横糸となって、この本は成った。

そのうえでさらに欲を言えば、（私の一般向きの著書が常にそれをめざしてきたように）結果において認知心理学や認知神経科学のアクチュアリティの高い入門書になっていれば、筆者として言うことはない。

いろいろあって八年越しとなったが、とにかく刊行までたどり着いたのは、ご縁があって関わっていただいた各位のおかげである。とりわけ、WEBRONZAへ常連執筆者として誘ってくださった高橋真理子編集員（当時）、このテーマでの集中講義を積極的に引き受けてくれた京都大学こころの未来研究センターの吉川左紀子所長、病的賭博に関して多くをご教示くださった東京医科歯科大学医学部の高橋英彦教授、講義に積極的に参加し、質問してくれた研究者や学生諸君に感謝したい。また、出版の話をもってきてくださった有斐閣の櫻井堂雄（当時）、中村さやか、渡辺晃の各氏にも感謝したい。彼らの粘り強さと柔軟さには何度も助けられた。最後に妻、英子には、折に触れて本の中身に関する議論の相手となってもらったほか、原稿の整理などでも助けられた。また息子、研輔の成長期と重なったことも思い出深い。

こういうさまざまな巡り合わせに助けられ、一冊の本を世に出せることの幸運をあらためて想う。読者の何人かのこころに、何かが長く残るかも知れない、などと夢想している。

二〇一九年五月末日、初夏のパサデナにて

下條信輔

引用・参考文献

朝日新聞特別報道部 (2014).『プロメテウスの罠 7――100年先まで伝える! 原発事故の真実』学研パブリッシング。

Balodis, I. M, kober, H., Worhunsky, P. D., Stevens, M. C., Pearlson, G. D. & Potenza, M. N. (2012). Diminished frontostriatal activity during processing of monetary rewards and losses in pathological gambling. *Biological Psychiatry*, 71(8), 749-757.

Bobocel, D. R. & Meyer, J. P. (1994) Escalating commitment to a failing course of action: Separating the roles of choice and justification. *Journal of Applied Psychology*, 79(3), 360-363.

Bonnefon, J-F., Shariff, A. & Rahwan, I. (2016). The social dilemma of autonomous vehicles. *Science*, 352(6293), 1573-1576.

Brock, D. A., Douglas, T. E., Queller, D. C. & Strassmann, J. E. (2011). Primitive agriculture in a social amoeba. *Nature*, 469, 393-396.

Bruers, S. & Braeckman, J. A. (2014). A review and systematization of the trolley problem. *Philosophia*, 42(2), 251-269.

Chib, V., De Martino, B., Shimojo, S. & O'Doherty, J. (2012). Neural mechanisms underlying paradoxical performance for monetary incentives are driven by loss aversion. *Neuron*, 74(3), 582-594.

Christakis, N. A. & Fowler, J. H. (2007). The spread of obesity in a large social network over 32 years. *New England Journal of Medicine*, 357, 370-379.

Christakis, N. A. & Fowler, J. H. (2008). The collective dynamics of smoking in a large social network. *New England Journal of Medicine*, 358, 2249-2258.

Dagher, A. & Robbins, T. W. (2009). Personality, addiction, dopamine: Insights from Parkinson's disease. *Neuron*, 61(4), 502-510.

De Drew, C. K. W, Greer, L. L., Handgraaf, M. J. J., Shalvi, S., van Kleef, G. A., Baas, M., Ten Velden, F. S., Van Dijk, E. & Feith, S.W.W. (2010). The neuropeptide oxytocin regulates parochial altruism in intergroup conflict among humans. *Science*, 328(5984), 1408-1411.

De Drew, C. K. W, Greer, L. L., Van Kleef, G. A., Shalvi, S. & Handgraaf, M. J. J. (2011). Oxytocin promotes human ethnocentrism. *Proceedings of the National Academy of Sciences of the United States of America*, 108(4), 1262-1266.

Evans, G. W. & Schamberg, M. A.(2009). Childhood poverty, chronic stress, and adult working memory. *Proceedings of the National Academy of Sciences of the United States of*

America, 106 (16), 6545-6549.

Geldard, F. A. & Sherrick, C. E. (1972). The cutaneous “rabbit”: A perceptual illusion. *Science*, 178(4057), 178-179.

Giszter, S. F., McIntyre, J. & Bizzi, E. (1989). Kinematic strategies and sensorimotor transformations in the wiping movements of frogs. *Journal of Neurophysiology*, 62(3), 750-767.

Greene, J. D. (2008). The secret joke of Kant's soul. In W. Sinnott-Armstrong (ed.), *Moral Psychology*, vol. 3: The neuroscience of morality (pp.35-80). MIT Press.

Gregory, R. L. (1970). The intelligent eye. McGraw-Hill.

Hardin, C. D. & Higgins, E. T. (1996). Shared reality: How social verification makes the subjective objective. In R. M. Sorrentino & E. T. Higgins (eds.), *Handbook of Motivation and Cognition*, vol. 3: The interpersonal context (pp. 28-84). Guilford Press.

Harley, E. M., Carlsen, K. A. & Loftus, G. R. (2004). The “Saw-it-all-along” effect: Demonstrations of visual hindsight bias. *Journal of Experimertal Psychology: Learning, Memory and Cognition*, 30(5), 960-968.

長谷川英祐 (2010) .『働かないアリに意義がある』KADOKAWA。

市川伸一 (1997).『考えることの科学——推論の認知心理学への招待 』中央公論社。

Imada, T. & Kitayama, S. (2010). Social eyes and choice justification: Culture and dissonance revisited. *Social Cognition*, 28(5), 589-608.

Jeannerod, M. (1983). *Le cerveau-machine*. Librairie Artheme Mayard. (ジャンヌロー, M.／浜田隆史 (訳) (1988).『大脳機械論——意志の生理学』白揚社)

ジョンソン, S. ／山形浩生 (訳) (2004)『創発——蟻・脳・都市・ソフトウェアの自己組織化ネットワーク」ソフトバンククリエイティブ。

門田浩二・奥村基生・下條信輔 (2009).「試合後に書き換えられる選手の『活躍の予感』」日本スポーツ心理学会第36回大会, 首都大学東京南大沢キャンパス。

Kahneman, D., Slovic, P. & Tversky, A. (eds.) (1982). *Judgment under Uncertainty: Heuristics and Biases*. Cambridge University Press.

Karremans, J. C., Stroebe, W. & Claus, J. (2006). Beyond Vicary's fantasies: The impact of subliminal priming and brand choice. *Journal of Experimental Social Psychology*, 42(6), 792-798.

コホネン, T.／中谷 和夫(監訳) (1993)『自己組織化と連想記憶』シュプリンガー・フェアラーク東京。

Kolers, P. A. & von Grünau, M. (1975). Visual construction of color is digital. *Science*, 187, 757-759.

Kolers, P. A. & von Grünau, M. (1976). Shape and color in apparent motion. *Vision Research*, 16(4), 329-335.

Li, M., Stiles, N., Levitan, C., Kamitani, Y. & Shimojo, S. (2016). Audiovisual "Invisible Rabbit": Auditory suppression of visual flashes in spatiotemporal stimuli. *Journal of Vision*, 16(12), 869.

Margaret, S., Pittinsky, T. L. & Ambady, N. (1999). Stereotype susceptibility: Identity salience and shifts in quantitative performance. *Psychological Science*, 10(1), 80-83.

マー，D.／乾敏郎・安藤広志（訳）(1987).『ビジョン――視覚の計算理論と脳内表現』産業図書。

中垣俊之 (2010).『粘菌――その驚くべき知性』PHP研究所。

ニコリス，G.＝プリゴジーヌ，I.／小畠陽之助・相沢洋一(訳) (1980).『散逸構造――自己秩序形成の物理学的基礎』岩波書店。

Peters, J. & Büchel,C. (2010). Neural representations of subjective reward value. *Behavioural Brain Research,* 213(2), 135-141.

Schacter, D. L., Addis, D. R. & Buckner, R. L. (2007). Remembering the past to imagine the future: The prospective brain. *Nature Reviews Neuroscience*, 8, 657-661.

Sheth, B. R. & Shimojo, S. (2000). In space, the past can be recast but not the present. *Perception*, 29, 1279-1290

Shih M., Pittinsk, T. L. & Ambaby, N. (1999). Stereotype susceptibility: Identity salience and shifts in quantitative performance. *Psychological Sclence*, 10(1), 80-83.

下條信輔 (1996).『サブリミナル・マインド――潜在的人間観のゆくえ』中央公論社。

下條信輔 (2008).『サブリミナル・インパクト――情動と潜在認知の現代』筑摩書房。

下條信輔 (2011a).「想定外とブラック・スワン」朝日新聞 WEBRONZA, (2011年4月20日) http://webronza.asahi.com/science/articles/2011041900002.html

下條信輔 (2011b).「ヒトの「馴れ」は本性」朝日新聞 WEBRONZA（2011年7月1日）http://webronza.asahi.com/science/articles/2011062100011.html

下條信輔 (2012a).「『危機に強い知性』を生物に学ぶ」朝日新聞 WEBRONZA（2011年5月24日）http://webronza.asahi.com/science/articles/2011052300003.html

下條信輔 (2012b).「『働き方改革』と，日米労働文化の差」朝日新聞 WEBRONZA（2018年3月8日）http://webronza.asahi.com/science/articles/2018030600006.html

下條信輔 (2012c).「[3] 中間管理エリア――204X年の物語」朝日新聞 WEBRONZA（2012年3月10日）http://webronza.asahi.com/science/articles/2012030700011.html

Shimojo, S. (2014). Postdiction: Its implications on visual awareness, hindsight, and sense of agency. *Frontiers in Psychology*, 5(196), 1-19.

Shimojo, S. & Ichikawa, S. (1989) Intuitive reasoning about probability: Theoretical and experimental analyses of the "problem of three prisoners." *Cognition*, 32(1), 1-24.

Shimojo, S., Sites, N., Li, M., Levitan, C. & Kamitani, Y. (2016). Audiovisual "Illusory Rabbit" : The role of postdiction in crossmodal spatiotemporal dynamics. *Journal of Vision*, 16(12), 869.

Staw, B. M. (1976). Knee-deep in the big muddy: A study of escalating commitment to a chosen course of action. *Organizational Behavior & Human Performan*ce, 16(1), 27-44.

タレブ，N. N.／望月衛（訳）(2009).『ブラック・スワン——不確実性とリスクの本質』上・下，ダイヤモンド社。

ティンバーゲン，N.／日高敏隆・羽田節子・宮川桃子(訳) (1982・83).『ティンバーゲン動物行動学』上・下，平凡社。

東京電力福島原子力発電所事故調査委員会「国会事故調報告書ダイジェスト版」http://warp.da.ndl.go.jp/info:ndljp/pid/3856371/naiic.go.jp/blog/reports/digest/

van Holst, R. J., Veltman, D. J., Büchel, C., van den Brink, W. & Goudriaan, A. E. (2012). Distorted expectancy coding in problem gambling: Is the addictive in the anticipation? *Biological Psychiatry*, 71(8), 741-748.

Weintraub, D., Koester, J., Potenza, M. N., Siderowf, A. D., Stacy, M., Voon, V., Whetteckey, J., Wunderlich, G. R. & Long, A. E. (2010). Impulse control disorders in parkinson disease: A cross-sectional study of 3090 patients. *Archives of Neurology*, 67(5), 589-595.

Wolfe, J. M., Horowitz, T. S. & Kenner, N. M. (2005). Rare targets are often missed in visual search. *Nature*, 435(7041), 439-440.

Wolfe, J. M., Brunelli, D. N., Rubinstein, J. & Horowitz , T. S. (2013). Prevalence effects in newly trained airport checkpoint screeners: Trained observers miss rare targets, too. *Journal of Vision*, 13(3), 33.

Wu D. A., Shimojo, S., Wang, S. W. & Camerer, C. F. (2012). Shared visual attention reduces hindsight bias. *Psychological Science*, 23(12), 1524-1533.

Zajonc, R. B., Heingqrtner, A. & Herman, E. M. (1969). Social enhancement and impairment of performance in the cockroach. *Journal of Personality and Social Psychology*, 13(2), 83-92.

●著者紹介

下 條 信 輔（しもじょう　しんすけ）

1955 年，東京生まれ。

1985 年，マサチューセッツ工科大学大学院修了（Ph.D.）。

1986 年，東京大学大学院人文科学研究科博士課程修了。

スミス・ケトルウェル視覚研究所ポスドク研究員，東京大学助教授などを経て，

現在，カリフォルニア工科大学生物学・生物工学部教授。

京都大学こころの未来研究センター，東北大学脳科学センター，玉川大学脳科学研究所などでも特任・特命教授を務める。

専門：知覚心理学，視覚科学，認知神経科学。

主要著作：『サブリミナル・マインド――潜在的人間観のゆくえ』（中央公論社，1996 年），『視覚の冒険――イリュージョンから認知科学へ』（産業図書，1995 年），『〈意識〉とは何だろうか――脳の来歴，知覚の錯誤』（講談社，1999 年），『まなざしの誕生――赤ちゃん学革命［新装版］』（新曜社，2006 年），『サブリミナル・インパクト――情動と潜在認知の現代』（筑摩書房，2008 年），『サバイバル・マインド――見失われた未来へ』（共著，筑摩書房，2012 年），『ブラックボックス化する現代――変容する潜在認知』（日本評論社，2017 年）など。

潜在認知《せんざいにんち》の次元《じげん》――しなやかで頑健《がんけん》な社会《しゃかい》をめざして

Implicit Cognitive Dimensions: Towards a flexible and robust social structure

2019 年 7 月 30 日　初版第 1 刷発行

著　者　下　條　信　輔
発行者　江　草　貞　治
発行所　株式会社　有　斐　閣

郵便番号 101-0051
東京都千代田区神田神保町 2-17
電話（03）3264-1315〔編集〕
（03）3265-6811〔営業〕
http://www.yuhikaku.co.jp/

組版・株式会社明昌堂／印刷・萩原印刷株式会社／製本・大口製本印刷株式会社

ISBN 978-4-641-17447-4